权威·前沿·原创

皮书系列为
"十二五""十三五"国家重点图书出版规划项目

河北蓝皮书

BLUE BOOK OF HEBEI

# 河北文化产业发展报告
## （2018~2019）

ANNUAL REPORT ON CULTURE INDUSTY OF HEBEI
(2018-2019)

主　　编／康振海
执行主编／陈　璐　袁宝东
副 主 编／张文阁　赵金合　李树奇　焦艳波

社会科学文献出版社
SOCIAL SCIENCES ACADEMIC PRESS (CHINA)

图书在版编目(CIP)数据

河北文化产业发展报告.2018-2019/康振海主编.--北京：社会科学文献出版社，2019.3
（河北蓝皮书）
ISBN 978-7-5201-4180-2

Ⅰ.①河… Ⅱ.①康… Ⅲ.①文化产业-产业发展-研究报告-河北-2018-2019 Ⅳ.①G127.22

中国版本图书馆CIP数据核字（2019）第016497号

河北蓝皮书
## 河北文化产业发展报告（2018~2019）

主　　编／康振海
执行主编／陈　璐　袁宝东
副 主 编／张文阁　赵金合　李树奇　焦艳波

出 版 人／谢寿光
责任编辑／杨　雪
文稿编辑／徐　花

出　　版／社会科学文献出版社·城市和绿色发展分社（010）59367143
　　　　　地址：北京市北三环中路甲29号院华龙大厦　邮编：100029
　　　　　网址：www.ssap.com.cn
发　　行／市场营销中心（010）59367081　59367083
印　　装／天津千鹤文化传播有限公司

规　　格／开　本：787mm×1092mm　1/16
　　　　　印　张：18.25　字　数：206千字
版　　次／2019年3月第1版　2019年3月第1次印刷
书　　号／ISBN 978-7-5201-4180-2
定　　价／128.00元

本书如有印装质量问题，请与读者服务中心（010-59367028）联系

版权所有 翻印必究

# 《河北文化产业发展报告（2018~2019）》编辑委员会

**主　　任**　康振海

**副 主 任**　杨思远　刘　月　彭建强

**委　　员**　（按姓氏笔画排序）
　　　　　　王文录　王亭亭　李建国　李鉴修　陈　璐
　　　　　　孟庆凯　袁宝东　穆兴增

**主　　编**　康振海

**执行主编**　陈　璐　袁宝东

**副 主 编**　张文阁　赵金合　李树奇　焦艳波

# 主编简介

**康振海** 中共党员，1982年毕业于河北大学哲学系，获哲学学士学位；1987年9月至1990年7月在中央党校理论部中国现代哲学专业学习，获哲学硕士学位。

三十多年来，康振海同志长期工作在思想理论战线。1982年8月至1984年10月在南和县人事局工作；1984年10月至1987年9月、1990年7月至1990年11月在邢台地委宣传部工作；1990年11月至2016年3月在河北省委宣传部工作，历任干事、主任科员、副处长、调研员、处长、助理巡视员、副巡视员、副部长；2016年3月至2017年6月任河北省作家协会党组书记、副主席；2017年6月至今任河北省社会科学院党组书记、院长。

康振海同志理论学术成果丰硕，在《人民日报》、《光明日报》、《经济日报》、《河北日报》、《河北学刊》、《社会科学论坛》、河北人民出版社等重要报刊和出版社发表、出版论著多篇（部），以及主持并完成"《宣传干部行为规范》可行性研究和草案初拟研究"等多项国家级、省部级立项课题。主要代表作有著作：《中国共产党思想政治工作九十年》《春风化雨——人文关怀和心理疏导读本》《艾思奇传》《恽代英传》《雄安新区经济社会发展报告》等。论文：《以绩效管理推动企业思想政治工作科学化》《在服务群众中加强党的基层建设》《以"塞罕坝精神"再造绿水青山》《新时代：我国发展新的历史方位》《勇于推进实践基础上的理论创新》《试论邓小平的马克思主义观》《努力建设社会主义文化强国》《在新时代继续把改革开放推向前进》《在构建中国特色哲学社会科学中彰显新作为》《习近平新时代中国特色社会主义思想是马克思主义中国化的最新成果——写在马克思诞辰200周年之际》《改革开放——决定当代中国命运的关键一招》等。

**陈 璐** 二级研究员，国务院享受政府特殊津贴专家。河北省社会科学院经济研究所所长、河北省京津冀协同发展研究中心（省委省政府授予的河北新型智库）首席专家、河北省社会科学院京津冀协同发展（雄安）研究中心主任；河北省文化产业研究中心主任。兼任职务有：河北省委省政府决策咨询委员会委员、河北省推进京津冀协同发展专家咨询委员会雄安新区专项咨询组成员、河北省民营经济研究会副会长、河北省政策科学研究会副会长。主要研究方向为区域经济、文化产业、企业战略投资咨询等，获省级社会科学优秀成果奖10项，其中一等奖4项，主持并完成国家社科基金项目5项，其中重点项目1项；出版著作25部，其中包括《我国实体经济崛起的隐性障碍及其破除机制与对策研究》、《京津冀协同发展报告》、《河北省文化产业形势分析与预测》等，主笔起草《河北省文化产业振兴规划》、《河北省文化产业发展十二五规划纲要》等重要文件，共有99项成果获省领导批示。

**袁宝东** 历史学硕士，现任河北省委宣传部文化事业产业发展处处长，1989年参加工作，在河北省委宣传部先后从事基层党员教育、网络宣传管理、企业思想政治工作研究和文化事业产业发展工作。组织开展了河北省知名文化企业30强、十大文化产业项目推荐认定，河北省文化产业发展工作现场推进会、文化产业统计、人才培训、文化企业扶持行动、文化会展和创意设计大赛等综合服务平台建设等工作。主要研究方向是文化产业研究、文化事业发展研究等。多年来，注重调研，专于谋划协调，共发表成果43项，其中《河北省文化产业发展现状与对策建议》、《当前国有及国有控股企业文化建设的调查与思考》等研究报告21篇，参与编写《战略机遇期的文化建设》、《文化的力量——网络时代企业文化建设案例选》等著作11项，撰写学术论文11篇。其中多篇刊登在《河北日报》、《中国党政干部论坛》、《思想政治工作研究》、《河北宣传》等重点报刊。

# 摘　要

本书分为四个板块，总报告客观地描述了2017~2018年河北省文化产业发展现状与特征以及2019年面临的有利环境，深入剖析了当前河北省文化产业发展的突出问题与障碍，从顶层设计、平台载体、市场主体、体制改革及产业融合五个方面提出了全省文化产业发展的对策措施；宏观视野板块从省域竞争、园区创新、特色小镇、工匠文化、文化外贸等角度分别提出了未来发展方向与对策思路；区域报告板块立足雄安新区、石家庄、邯郸、张家口等设区市和曲阳、武强两个文化产业强县，深入分析了相关地区文化产业发展现状、问题和经验启示，并提出下一步发展的思路与对策；产业融合板块聚焦新媒体产业融合、文化旅游融合、创意设计与文化制造业融合、扶贫与文化旅游融合等热点问题，深入剖析了相关问题，有针对性地提出了对策建议，力争为河北在推进文化产业发展中的重大决策提供参考和智力支持。

**关键词：** 文化产业　高质量发展　产业提档升级　新业态融合

## Abstract

This bookfalls into four parts. General Reports give an objective description of the present situation and characteristics of culture industry of Hebei Province (2017 - 2018) and its favorable environment in 2019, make a deep analysis of current outstanding problems and obstacles in the development of culture industry of Hebei Province, and put forward proposals for the development of culture industry across the province in the five aspects of top-level design, platforms, market players, institutional reform and industrial combination; Macro-Fields of Vision puts forward future development orientation and proposals respectively from the perspectives of inter-provincial competition, park innovation, distinctive small town, craftsman culture, cultural foreign trade, etc. ; Regional Reports have a foothold at Xiongan New Area, Shijiazhuang, Handan, Zhangjiakou, cities with district establishment, and Quyang and Wuqiang, two counties with strong culture industries, make a deep analysis of the present situation, problems and experience enlightenment of development of culture industries in such regions, and put forward paths and measures of next-step development; Industrial Combinations focus on and deeply analyze such hot issues as new media industry combination, cultural tourism combination, combination of creative design and cultural manufacturing industry, and combination of poverty relief and cultural tourism, and put forward solution proposals specially for them, striving to provide reference and intellectual support for Hebei's significant decision-making in advancing development of culture industries.

**Keywords**: Culture Industy High-Quality Development; Industry Upgrading; Combination for New Industrial Forms

# 目 录

## Ⅰ 总报告

**B.1** 新形势下加快推进河北省文化产业高质量发展的思路与对策
——2018年河北省文化产业发展报告 …… 陈　璐 / 001

## Ⅱ 宏观视野

**B.2** 全国七大经济大省文化产业竞争优势分析及启示
……………………………………………… 严文杰 / 024

**B.3** 河北省文化产业园区对区域经济竞争力的促进作用
及其政策创新研究 ……………………… 姚胜菊 / 038

**B.4** 大运河文化带旅游业创新发展的对策建议 …… 张　葳 / 055

**B.5** 文化内涵视域下河北发展特色小镇的路径分析
……………………………………………… 郭晓杰 / 072

B.6 河北省文化产业发展工作的调研与思考

　　…………… 中共河北省委宣传部文化产业专题调研组 / 088

B.7 借鉴先进经验推进河北对外文化贸易工作的对策建议

　　…………… 中共河北省委宣传部文化产业专题调研组 / 097

## Ⅲ 区域报告

B.8 雄安新区文化改革创新的思考与建议 ………… 边继云 / 105

B.9 石家庄市文化产业发展调研报告

　　…………………………… 中共石家庄市委宣传部 / 119

B.10 邯郸市推动文化产业高质量发展调研报告

　　…………………………… 中共邯郸市委宣传部 / 130

B.11 张家口市文化产业发展报告 ……… 张家口市社科联 / 141

B.12 河北省保定市曲阳县文旅业发展的思路与措施

　　…………………………… 中共曲阳县委宣传部 / 162

B.13 打造"文盛武强" 新高地

　　——关于武强县文化产业发展的调研报告

　　………………………… 刘恺兵　王春凯　张春阳 / 171

## Ⅳ 产业融合

B.14 2018年河北省新媒体产业发展的新动态与新思路

　　——以乡村原创视频为例 ……………………… 韩春秒 / 180

B.15 河北省旅游和文化产业融合发展时空演变分析

　　………………………………………… 赵然芬　张卫兵 / 202

**B.16** 河北省文化创意和设计服务业与文化制造业融合发展
与互动共赢的对策研究 …………………………… 邹玲芳 / 219

**B.17** 经济欠发达地区旅游扶贫实证研究
——以张家口蔚县为例 …………………………… 李会霞 / 237

**B.18** 全域旅游背景下正定文化旅游产业集群崛起的创意思路
………………………………………………………… 宋东升 / 252

皮书数据库阅读**使用指南**

# CONTENTS

## I General Report

**B**.1 Paths and Measures of Accelerating the Advancement of High-quality Development of Culture Industries of Hebei Province in the New Situation  *Chen Lu* / 001

## II Macro–Fields of Vision

**B**.2 An Analysis and Enlightenments of Competitive Edges of Culture Industries of Seven Economically Big Provinces across the Country  *Yan Wenjie* / 024

**B**.3 A Study of Promotion of Regional Economy Competitiveness by Cultural Industry Parks of Hebei Province and Their Policy Innovation  *Yao Shengju* / 038

**B**.4 Measure Proposals on the Innovative Development of Tourist Industry along the Cultural Belt of the Grand Canal  *Zhang Wei* / 055

**B**.5 A Path Analysis of Hebei's Developing Distinctive Small Towns under the Field of Vision of Cultural Connotations  *Guo Xiaojie* / 072

**B**.6 Surveys and Thoughts of the Culture Industry Development of Hebei Province  *Special Survey Team of the Propaganda Department of the CPC Hebei Provincial Committee* / 088

CONTENTS

**B**.7 Measure Proposals on Advancing Hebei's Cultural Foreign Trade by Drawing on Advanced Experience

*Special Survey Team of the Propaganda Department of the CPC Hebei Provincial Committee* / 097

## Ⅲ   Regional Reports

**B**.8 Thoughts and Proposals of the Cultural Reform and Innovation at Xiongan New Area *Bian Jiyun* / 105

**B**.9 A Survey Report on the Development of Culture Industry of Shijiazhuang City *The Propaganda Department of the CPC Shijiazhuang Municipal Committee* / 119

**B**.10 A Survey Report on Handan City's Advancing the Culture Industry towards High-quality Development

*The Propaganda Department of the CPC Handan Municipal Committee* / 130

**B**.11 A Report of the Cultural Industry Development of Zhangjiakou City *Federation of Social Sciences of Zhangjiakou City* / 141

**B**.12 Thoughts and Measures of the Cultural Tourism Development of Quyang County, Baoding City, Hebei Province

*The Propaganda Department of the CPC Quyang County Committe* / 162

**B**.13 Building the "Culturally Flourishing Wuqiang" New Highland

—*A Survey Report on the Cultural Industry Development of Wuqiang County*

*Liu Kaibing, Wang Chunkai and Zhang Chunyang* / 171

## Ⅳ   Industrial Combinations

**B**.14 New Trends and Thoughts of the New Media Industry Development of Hebei Province in 2018 *Han Chunmiao* / 180

**B**.15 An Analysis of the Spatio-temporal Evolution of the Combined Development of Tourism and Culture Industry of Hebei Province

*Zhao Ranfen, Zhang Weibing* / 202

**B**.16 A Measure Study of the Combined Development and Interaction and Win-Win of Creative Design Service Industry and Cultural Manufacturing Industry of Hebei Province *Zou Lingfang* / 219

**B**.17 An Empirical Study of Poverty Relief by Tourism at Economically Less Developed Areas
—*A Case Study of Yu County, Zhangjiakou* *Li Huixia* / 237

**B**.18 Creative Thoughts of Zhengding Cultural Tourist Industry Cluster Rise in the Background of Integrated Regional Tourism
*Song Dongsheng* / 252

## （二）发展趋势：整体上看发展较为沉闷，增长速度在全国处于下游

2018年前三季度，河北省规模以上文化及相关产业营业收入比上年同期增长-2.2%，从上半年的勉强正增长（0.7%）下滑到负增长，低于全国平均水平（9.3%）11.5个百分点，低于东部地区（9.2%）11.4个百分点，并分别低于西部地区（12.8%）15个百分点和中部地区（8.6%）10.8个百分点，甚至低于东北地区（-0.6%）1.6个百分点（见表1）。

表1 2018年前三季度全国及河北省规模以上文化及相关产业企业营业收入情况

单位：亿元，%

| 地区 | 绝对额 | 比上年同期增长 |
| --- | --- | --- |
| 东部 | 49325 | 9.2 |
| 河北省 | 774.9 | -2.2 |
| 中部 | 8305 | 8.6 |
| 西部 | 5274 | 12.8 |
| 东北 | 686 | -0.6 |
| 全国总计 | 63591 | 9.3 |

注：表中部分数据因四舍五入的原因，存在总计与分项合计不等的情况。

## （三）产业结构："三驾马车"中文化制造业与文化批发零售业表现"力不从心"，文化服务业"苦撑局面"

从三大文化产业类型看，2018年前三季度河北省文化制造业营业收入总额占全部规上企业营业收入总额的66%，文化服务业营业收入占全部营业收入的近17%，文化批发零售业占全部营业收

入的17%，所以文化制造业是河北省文化产业发展的"定盘星"。但是，从2018年前三季度三大文化产业类型营业收入的数据看，文化制造业和文化批发零售业的营业收入额均为负增长，只有文化服务业的营业收入实现了4.8%的正增长。从2018年前三季度文化产业的利润数据看，文化制造业营业利润和利润总额勉强保持了正增长，增长率分别达到0.6%和1.0%。文化批发零售业的营业利润和利润总额出现滑坡，增长率分别为-24.0%和-23.2%。当前全国电商和微商等批发零售业发展迅猛，河北省实体批发零售企业受冲击较大，而江浙地区本就是文化产品电商企业大本营，河北省电商微商企业很难入统，故导致数据下滑剧烈；文化服务业的营业利润和利润总额也出现悬崖式下跌，增长率分别为-40.8%和-96.0%，分析其结构，数字内容产业、有线电视、动漫游戏、图书出版和其他广告服务等领域利润下降明显，行业整体上出现了"有活干无钱赚"的尴尬局面。

从文化及相关产业九大行业的数据指标表现看，有四个行业实现营业收入正增长，分别是创意设计服务业、文化传播渠道业、文化投资运营业、文化消费终端生产业等，但是四个营业收入正增长行业的营业收入总额（258亿元）占全省文化产业营业收入总额（774.9亿元）的比重仅为33%，其他五大行业的营业收入均为负增长。从文化及相关产业九个行业看，2018年上半年创意设计服务业营业收入比2017年同期增长16.1%，增速除低于文化投资运营业（体量较小）外，远远高于其他行业。此外，创意设计服务业的营业利润和利润总额分别比上年同期增长39.3%和31.6%，增速分别超出全省平均水平49.4个和40.6个百分点，是九个行业中利润总额增幅最大的行业。数据表明，河北省文化产业部分新业态发展强劲，创意设计服务业引领作用明显。

从文化及相关产业所有行业小类营业收入看,下滑幅度最大的几个行业主要集中在传统文化制造业和文化批发零售业。其中,制造业中的工艺品制造、油墨及相似产品制造、广播电视专用配件制造、其他娱乐用品制造等传统文化制造业营业收入下降较多。文化批发零售业中的文化用品批发和家用视听用品零售这两类营业收入下降较多。

## (四)区域特征:文化产业区域间发展不平衡,京广京秦沿线带仍然是主力,传统经济强市同时也是文化产业发展大市

从全省设区市看,2018年前三季度规模以上文化及相关产业营业收入排在前三名的分别是:石家庄323.6亿元,占全省规模以上文化及相关产业营业收入的41.8%;保定83.9亿元,占10.8%;唐山75.9亿元,占9.8%。前三名占全省营业收入的比重达到62.4%。而承德、张家口营业收入分别仅占全省规模以上文化及相关产业营业收入的1.26%和1.98%。分析区域实力特征可以看出,全省文化产业实力较强的地区主要分布在京广、京秦沿线的山前平原及毗邻山区,其他地区文化资源开发及产业实力较弱(见表2)。

表2 2018年前三季度河北省规模以上文化及相关产业按地区分主要经济情况

| 地区 | 法人单位数(个) | 从业人员期末人数(人) | 资产总计(亿元) 前三季度 | 增长(%) | 营业收入(亿元) 前三季度 | 增长(%) |
|---|---|---|---|---|---|---|
| 石家庄 | 346 | 42816 | 506.9 | 9.7 | 323.6 | -0.6 |
| 唐山 | 144 | 17426 | 256.0 | 9.0 | 75.9 | 9.5 |
| 秦皇岛 | 71 | 10084 | 81.9 | 53.2 | 23.5 | -5.2 |
| 邯郸 | 155 | 11024 | 74.7 | 2.0 | 46.6 | 19.4 |
| 邢台 | 133 | 14884 | 68.6 | 16.9 | 61.5 | 14.1 |
| 保定 | 208 | 25439 | 206.3 | 13.6 | 83.9 | -4.6 |
| 张家口 | 71 | 10349 | 81.0 | 26.3 | 15.4 | 0.0 |

续表

| 地区 | 法人单位数（个） | 从业人员期末人数（人） | 资产总计（亿元）前三季度 | 增长（%） | 营业收入（亿元）前三季度 | 增长（%） |
|---|---|---|---|---|---|---|
| 承德 | 66 | 5676 | 60.8 | 38.2 | 9.8 | 6.6 |
| 沧州 | 211 | 21647 | 92.6 | -10.7 | 43.9 | -26.1 |
| 廊坊 | 164 | 15842 | 124.5 | 19.2 | 47.6 | -10.6 |
| 衡水 | 137 | 15514 | 92.8 | 12.5 | 40.0 | -19.7 |
| 定州 | 12 | 778 | 1.5 | 20.5 | 1.9 | -1.1 |
| 辛集 | 6 | 315 | 1.3 | 15.4 | 1.4 | 15.5 |
| 总计 | 1724 | 191794 | 1649.1 | 12.5 | 774.9 | -2.0 |

**（五）动力格局：文化投资低位徘徊，消费带动能力表现一般，整体发展动力堪忧**

从投资来看，2018年前三季度全省文化、体育和娱乐业投资同比增长7.8%，比全省固定资产投资高1.9个百分点，分别低于六大高耗能产业投资同比增长率（11.3%）和高新技术产业投资同比增长率（27.1%）3.5个和19.3个百分点；从消费来看，2018年前三季度全省社会消费品零售总额同比增长9.5%，而文化消费中体育、娱乐用品类消费只增长1%，电子出版物及音像制品类消费只增长3%，文化办公用品类消费增长6.2%，只有书报杂志类消费增长较多，达到54%，超过了全省社会消费平均水平。动力格局的表现不容乐观，虽然每年在深圳文博会上签约的大项目不少，意向投资额也较多，能够真正形成"真金白银"的实际利用内外投资额却不尽如人意。

**（六）市场主体：文化服务业企业资产规模持续扩大，中小型文化企业经济效益下降较快，大型文化企业经济效益增长显著**

2018年前三季度，全省规模以上文化及相关产业资产总计

1649.1亿元，比2017年同期增长12.5%。其中，文化制造业资产总计575.9亿元，同比增长0.4%；文化批发零售业资产总计172.5亿元，同比增长3.6%；文化服务业资产总计900.7亿元，同比增长24.2%。数据表明，文化产业资产规模持续扩大，其中，传统文化制造业和批发零售业企业资产基本维持现状，扩张意向和能力有限，而文化服务业企业资产增长较多，扩张表现良好。

2018年前三季度，全省规模以上文化及相关产业法人单位实现营业利润和利润总额分别达到33.8亿元和37.6亿元，比2017年同期分别下降10.1%和9.0%。其中，中型文化企业实现营业利润和利润总额分别下降13.5%和11.6%；小型文化企业实现营业利润和利润总额分别下降34.5%和32.3%。大型文化企业实现营业利润和利润总额大幅增长，分别达到83.3%和66.5%，而微型文化企业实现营业利润和利润总额分别增长15.8%和15.0%，总体上表现良好。总结市场主体经济效益的特征，出现了"大微突出、中小难过"的"两极分化"的现象。

## 二 2019年河北省文化产业发展面临的有利环境分析

### （一）国家深化文化体制改革及相关支持政策协同发力为文化企业崛起注入新推力

党和国家领导人高度重视文化产业的发展。习近平总书记在2018年全国宣传思想工作会议上的讲话中指出："要推动文化产业高质量发展，健全现代文化产业体系和市场体系，推动各类文化市场主体发展壮大，培育新型文化业态和文化消费模式，以高质量文化供给增强人们的文化获得感、幸福感。要坚定不移将文化体制改革引向深入，不断激发文化创新创造活力。"党的十八大以来，国务院及相关部委不断出台促进文化产业发展的指导意见和各项政策措施，对全国文化产业发展进行了统一部署，大力扶持文化小微企业，扎实推进文化体制改革释放文化产业活力，促进文化产业与金融合作，文化产业正由"铺摊子"式的发展模式逐步向高质量、高层次、精细化发展模式转变。河北省也相继出台了促进文化产业发展的若干意见、实施方案和专项规划等，文化产业发展的政策环境日益优化。

### （二）京津冀协同发展国家战略实施、雄安新区规划建设及京冀联合办冬奥会等重大战略利好叠加带来新机遇

京津冀协同发展国家战略提出至2018年已将近五年，京津冀三地通过建立一系列文化合作的组织机构等制度机制、联手搭建各类平台载体、合作推出文化活动等方式已将原来停留在"框架"阶段的文化合作全面深入地推进。京冀联手办冬奥会正在按计划顺利推进，场馆及交通、能源基础设施正在加快建设，吸引的相关产业投资也不断涌进。雄安新区规划建设也取得了令人瞩目的成绩，"记得住乡愁"行动等国家乡愁文化典范活动的开展，《河北雄安新区规划纲要》的编制发布，"1+N"政策中的"1"即中共中央、国务院《关于支持河北雄安新区全面深化改革和扩大开放的指导意见》的出台，都在推进文化领域改革创新和文化产业发展方面提出了诸多新思路、新模式及新政策，对京津冀三地发展文化体育

制造业、共建共营文化产业园区、借力借势推动本地文化企业崛起和吸引"高质量"文化产业项目落户产生了积极的影响，为河北推进与京津文化产业互通共融、区域整合和提质增效带来了难得的机遇。

## （三）"一带一路"建设为河北文化产业"走出去"提供新空间

河北省经济不是以外向型经济为主，这对拉动河北经济增长来说本来就是一个短板，而文化产业中出口导向型的领域更是微乎其微，文化对外贸易的增长一直较慢，其中很重要的原因就是与很多国家文化交流不足，没有形成文化的对外输出和影响力。"一带一路"倡议的实施，为河北这个有着沿海区位和典型内陆省份特征的文化资源大省提供了一个广阔的文化交流和文化产品输出的大舞台。未来河北将依托"一带一路"建设，不断加快文化产业"走出去"的步伐，不断扩大文化产品和服务出口贸易，为本省文化企业参与国际合作竞争提供新的更大的空间。

## （四）新一代信息技术和媒体技术的发展为河北文化产业提质升级掀起新浪潮

当前，文化科技的深度融合为文化产业创新植入了新基因，以"大数据、人工智能、移动互联网、云计算、虚拟现实"等为代表的新一代信息技术革命浪潮兴起，为文化产业的内容生产、表现形式、商业模式带来深刻变革，为文化产业新业态、新内容爆炸式增长提供了便捷、经济、多渠道的技术平台，新媒体技术也带来文化创意内容变现方式的变化。文化产品的虚拟化趋势逐步形成，必将

改变文化体验经济的方向。在迎接文化产业新业态、新内容、新方向大潮的过程中，河北省文化企业的发展也面临广阔的发展空间。

**（五）文化产业跨界融合和消费结构加速升级推动文化产品和文化服务形成新供给**

我国文化产业与工业制造业、创意农业和服务业的跨界融合发展日趋深入，产业边界日趋模糊，文化元素日益融入相关产业，文化越来越成为产业创新的源泉和转型升级的动力。在此发展大势下，作为传统制造业和传统农业大省，河北在推进文化产业跨界融合形成文化产品与服务新供给方面具有很大潜力和后劲。与此同时，河北省人均地区生产总值正从 5000 美元向 1 万美元迈进，处于中上等收入经济体行列，群众对文化产品和服务的消费需求的结构发生较大的变化，也必将倒逼文化产品和服务在供给侧改革方面有所作为。中共中央、国务院近日印发《关于完善促进消费体制机制，进一步激发居民消费潜力的若干意见》，其中 17 次提及文化，足见当前解决好文化产品和服务"供需错位"这一短板，迫切需要文化产业深化供给侧结构性改革，从而激发文化消费潜能，提升文化软实力。文化产业的跨界融合和消费需求的强势转型将大大助推河北文化产品与服务的供给侧改革进程。

**（六）"乡村振兴"战略的实施及河北决战决胜"扶贫攻坚"任务为当地特色产业发展提供新契机**

党的十九大报告提出实施"乡村振兴"战略，不仅为新时代农业农村改革发展指明了方向，促使农村面貌发生巨大变化，农民收入水平和生活水平将全面改善，而且将推动农村文化经济基础体系的健全，走出一条乡村文化兴盛之路。河北是拥有5万多个行政村的农业大省，目前仍有超过50%的人口生活在农村，"乡村振兴"战略重大部署的逐步落实，将会促进农村物质文化消费水平不断提升，当地民俗产品、特色民宿、乡村休闲、创意农业等相关文化融合产业将在河北农村的逐步兴盛，将为河北乡村文化产业的发展开拓广阔的空间，是新时代河北文化产业大发展大繁荣的重大战略机遇。此外，河北决战决胜脱贫攻坚，完成全面建成小康社会的底线任务，为各地加快发展特色文化产业，推动贫困地区群众口袋脑袋"一起富"、物质精神"双脱贫"提供了有利契机。

## 三 当前河北省文化产业发展的突出问题与障碍分析

### （一）各级各地在推进经济社会发展过程中没有形成对文化产业发展的"合力提升"

虽然近几年各地各部门对发展文化产业的认识不断深化，重视程度有所提高，张家口、唐山、沧州、衡水、保定、邢台、邯郸等设区市还先后召开了文化产业推进会或现场会，设立或增加了文化产业发展引导资金，然而，从文化产业发展的实践推进中可以看出，全省上下并没有在实践推进中形成对文化产业发展的"合力提升"，主要问题有以下几方面。一是没有形成省委、省政府层级发文，统筹所有相关职能部门资源支持文化产业发展的顶层设计。

近五年河北在文化产业发展方面几乎没有出台高规格的扶持性政策措施或实施意见等务实的、"真金白银"的文件，只按惯例编制发布了省市两级的"十三五"文化产业发展规划。而反观先进省市，无论沿海还是内地，近五年在支持文化产业发展方面都出台了"政策措施""实施意见"或"实施细则"，有的地区甚至以当地党委、政府"决定"的形式出台了促进文化产业发展的顶层设计。二是没有形成以重点文化产业载体（重点文化产业园区、圈定的重大项目、重点县区或重点文化企业）为基本单元的分类政策支持体系。对文化产业的支持表现为空泛的口号式支持或讲话支持，没有单独的边界清晰的文化产业载体支持机制和具体政策条款，虽然在其他重要支持政策文件中似乎也能找到文化产业的影子，如"双创双服""小微企业""工业设计""科技金融"等，但是，当文化企业按照条文寻求政策支持时又会发现自己好像根本不符合政策支持的条件，个别与上述领域"靠得近"的文化企业经过努力可能得到一些支持，绝大多数文化企业是享受不到政策支持的。三是在省级层面仍然缺乏强有力的推进工作机制。各职能部门在推进各自工作中仍然有根深蒂固的思想误区，认为文化产业发展是省委宣传部与文化和旅游厅的事，与自己部门职能不相关。所以，在出台文化产业支持政策、促进文化企业做大做强方面难以形成推进合力，各自为政，互不帮衬，本位主义思想严重。

**（二）省域内文化产业发展不平衡不充分问题突出，城市经济的强弱决定文化产业强弱的"魔咒"还未打破**

河北省文化产业发展存在区域不平衡问题，从文化产业企业数量、规模实力、竞争力等各项指标看,省域内发展较好的文化产业集中在石家庄、唐山和保定等"经济强市",经济欠发达的市县其文化产业发展也较弱,其中既反映出全省文化产业结构中"城市服务业和文化制造业"占绝对比重的畸形问题,也反映出广大欠发达市县丰富的文化资源和文化遗产开发以及产业化利用极不充分的问题。河北目前大量文化资源处于未开发或半开发状态,虽然每年各市举办一次旅游发展大会,在文化旅游示范项目方面与以前相比有了长足进步,但是省域各地大量优秀、有价值的文化资源仍然没能有效地转化为产业资源,与沿海先进省份相对均衡的"遍地开花、各有所长"的资源开发水平相比,河北的文化资源开发水平层次和能力都有很大差距,与相邻的山东、河南、山西相比,文化资源的开发利用程度也处于落后状态。从表面看,似乎有地理条件和基础设施落后的制约,从深层次的障碍分析,仍然受发展体制机制、人才因素的制约。

**(三)全省经济形势低迷对文化制造业和文化消费构成了"打压",以往"经济危机"往往是文化产业加速发展期的现象不复存在**

近几年,河北经济发展形势并不乐观,经济发展水平、群众工资性收入等都提高得较慢,虽然地区生产总值增长保持在6%左右,较为稳定,但从规模以上企业投入产出指标、投资和消费增长指标看,均大大低于全国平均增长水平,这其中有河北主动"去产能"的因素,也有"环保风暴"导致的"一刀切"式的"关停"后遗症,河北经济总量已经排名全国第8,如果年底继续限产，2018年河北经济总量有可能继续下滑，人均各项指标中绝大多数将堕入全国倒数后7名。与此同时，河北扶贫任务仍然艰巨，乡村的文化基础设施建设短缺，农村居民文化消费水平严重滞后，依托"美丽乡村"建设发育出特色文化旅游乡村或特色民宿文化乡村还有很长的路要走，5万多个行政村中大多数乡村文化产业基本处于空白状态。按照文化产业发展历史经验看，一个地区经济形势低迷时期往往会促进文化消费的增长，并带动文化需求的提升，而有可能出现文化产业加速增长期，但是，从近几年河北经济形势持续低迷对文化产业影响看，拖累文化产业发展已成定局。

**（四）"文化＋科技＋其他行业"融合发展遇到许多难点问题，导致文化产品和服务供给侧质量和效益不佳**

从河北省文化产品和服务的供给状态分析，在目前有限的供给中，中低端文化产品供给、低俗供给、"僵尸"供给和"呆滞"供给等占文化市场的比重较高，高技术含量、高质量的创意文化产品供给却严重不足，健康向上、喜闻乐见而又质优价廉的大众文化产品也不多见。文化产品的粗放生产、同质低价恶性竞争现象仍然存在。改变这种被动不良的发展局面亟须发展文化产业新兴业态和文化原创内容产业，需要"文化＋科技＋其他产业"的融合发展创造更多的新兴业态和创意产品，如新传媒文化业态、粉丝经济业态、虚拟文化业态等。当前，推进河北的"文化＋科技＋其他行业"融合发展存在一些问题。一是单纯推进"文化＋其他行业"，不依托移动网络、大数据、人工智能和虚拟现实等新技术，就不能形成"文化+科技+其他行业"的发展模式，实践中就难以成功或不可持续。比如，许多工业设计、文化创意需要依靠一些新科技将创意附加在传统产品上，脱离科技的"文化+"只能算是与传统产业实现皮毛上的对接，即便是创意产品，也很容易被复制延展，生命力难以长久。这就是当前许多僵化的"文化+旅游"产品落入俗套而被广泛复制模仿的原因。二是在推进文化产业与其他产业融合发展过程中，市场导向与政策支撑存在严重脱节问题。产业融合最终要体现在文化产品和服务上，政策支撑的着力点不应只放在文化企业的生产过程中的融资、获取材料和人才等方面，还应面向创意性文化产品的市场需求，在企业创造出新产品或新服务的初始阶段，营造出一种甄别文化产品创意的市场需求并能够帮助改进创意的政策环境。三是缺乏根据文化产业链条结构、文产集聚区建设发展与产业融合"三位一体"需求建立的人才引进机制。文化产业人才引进和培养绝不能只注重微观视角而忽视宏观视野，也绝不能只是文化企业（公司）自己的事情，应和产业集聚协同、园区建设发展统筹通盘考虑，只有实现复合型人才与关联型产业的双重集聚，才能为"文化+科技+其他行业"的深度融合提供智力支持。

**（五）文化产业地方规划和园区发展同质化现象严重，从政府推进和市场主体培育两个层面表现出文化产业的创新意识和创意能力不足**

河北省各地文化产业发展规划陷入"产业—政策"趋同的怪圈。文化产业发展方向除了与各地特色民俗产品制造业和体现地理特点的文化旅游景区谋划有所不同外，主要产业门类、细分方向、发展模式和支持政策措施等同质化现象严重，亟须根据当前不同的地域环境和地理条件，重新谋划创意文化产业发展的细分领域，各地谋划、规划建设的文化产业园区属于综合性园区的较多，发展规划内容也大同小异，发展定位模糊，产业业态僵化重复，建设和经营模式雷同，缺乏在京津冀协同发展、未来世界级城市群和雄安新区规划建设的新背景下对本地文化产业发展的优势与劣势的深入研究，缺乏创意性的策划方案，更谈不上与毗邻文产园区的产业合作与共建共赢。2019年又将迎来"十四五"规划的前期研究，河北经济发展的新形势与多重利好机遇叠加的大背景，对省域各地文化产业发展的谋划和创意策划来说，都是一个新的考验，对此，省级文化产业管理部门有责任督导各地聘请创意专家重新做好"十四五"文化产业发展规划的前期研究，充分利用外智提升各地文化产业规划和园区规划的创意水平。

## 四 加快提升河北省文化产业竞争力的对策建议

### （一）重塑新时期河北文化产业发展的顶层设计，启动"十四五"文化产业发展规划的前期研究和出台专项支持政策措施

抢抓多重重大利好机遇叠加的有利契机，在深入研究雄安新区规划建设对京津冀文化产业格局的影响的基础上，重新塑造全省文化产业发展的顶层设计。一是建议省委、省政府出台关于推动全省文化产业大发展的决定，以省委决定的形式强力推动部署全省文化

产业的发展。二是启动全省"十四五"文化产业发展规划的前期研究，同时挑选几个附加值高、发展势头好的行业制定"重点产业"专项扶持规划或行动计划，如文化创意设计产业提升行动计划、文化制造业转型升级规划、体育康养产业推进行动计划、文化旅游融合发展行动计划等。三是在新的投资审批改革制度下出台重新研究文化产业专项支持的政策措施，建议考虑挑选一批文化产业重点区域载体（重点文化产业园区、文化类特色小镇、文化创意街区等），以重点区域载体为单元制定关于支持全省文化产业重点区域载体改革创新发展的若干政策措施文件，必须有高含量的"真金白银"，投资、交易便捷的改革创新举措。四是建立全省重大文化产业项目动态数据库，加强对项目的定期跟踪、服务保障和业务指导。

## （二）大力实施"文化平台促进"工程，着力谋划组建文化创新创业平台、公共服务平台、要素保障平台和展示交易平台等四类平台

从先进省市发展文化产业的经验看，文化产业促进平台发挥了至关重要的作用。河北省在文化产业发展方面的滞后很大程度上是没有统筹建立起一批专门为文化产业和文化企业服务保障的支撑平台。从目前河北文化产业发展的短板看，亟须在省委宣传部或文化和旅游厅的推动下归口组建为文化产业发展提供支撑保障的文化创业创新平台、文化产业公共服务平台、要素保障平台和展示宣传平台。

文化创新创业平台。一是在全省"双创双服"如火如荼开展的背景下，建议鼓励各地在原有科技孵化平台的基础上改造一批面

向文化产业的创新创业孵化平台,通过制定相关扶持政策,培育一批具有鲜明特色、辅导融资并重、创业生态圈完善的孵化平台。可以考虑通过与京津文化相关的院校、文化企业的合作,共建一批文化企业孵化基地,比如,雄安新区容城县政府与北京服装学院"校地合作"共建"北京服装学院容城时尚产业园"(中关村北服时尚产业创新园容城示范基地),实质上就是依托北京服装学院的优质智力资源和行业影响力,建立起一个文化创意产业的孵化基地,开展设计服务、技术转化、展示销售、时尚推广、产业培训等服务,打造容城服装产业链、时尚生态圈,引导容城传统服装产业创新升级。通过政策鼓励和引导重点文化产业园区组建文化产业孵化平台(企业孵化器、加速器、众创空间和众包平台),力争在平台运营、组建融资、管理模式方面开展创意创新,在导师辅导、中介服务方面提升业务水平,为未来培育出一批文化"巨人"企业做铺垫。二是培育组建一批文化技术创新平台。加快应用数字技术和网络技术,支持引导高校院所或大型企业建设工业创意设计中心、艺术创意研究中心和文化相关行业专业化重点实验室,制定扶持措施吸引海内外创新人才和创意企业来河北省投资建立文化技术服务机构。建议在2019年谋划启动全省"文化科技融合示范基地"建设工作,选择重点区域载体或重要文化科技融合较好的企业挂牌建设"文化科技融合示范基地",打造一批文化科技创新示范平台、示范园区、示范企业和示范项目。

文化公共服务平台。一是强化文化产权交易平台建设。谋划在全省已建成的综合保税区、保税区(含B型保税物流中心)建设文化艺术品保税中心(仓库),以文化产品或艺术品展示、仓储、交易为主,推动"河北智造"文化产品"走出去",也借此引进海外高端文化艺术产品,提升河北文化企业创意创新的视野及能力。谋划建设京津冀版权交易中心(所),考虑开发利用大数据技术、云服务技术创新版权交易模式,促进新型版权保护和服务体系的建立。二是借力新兴业态做好文化信息服务平台。依托大数据、虚拟现实技术及云服务技术,谋划建立全省文化信息数据中心和数据交换系统,推动文化信息服务的智能化改造。以多年投入已有一定基础的省文化资源多媒体数据库为依托,整合各级文化资源信息,建立起图像库、音频库、3D全景图、虚拟现实库、非物质文化遗产库等数据库。谋划成立由报刊、广电、出版、影视等单位共同参与的知识产权(IP)综合开发利用联盟。

文化要素保障平台。一是建设一批文化金融服务平台。建议在深入研究的基础上,以目前的"省级文化产业引导股权基金"为基础,以混合所有制和母子基金模式将现有"省级文化产业引导股权基金"改建为"省级文化股权投融资基金",成立基金管理运营公司,主要支持和帮助全省重大文化产业项目投融资、重点文化产业园区建设投融资与重点融资平台搭建等。鼓励各市政府以混合所有制形式设立各市文化产业发展投资基金,同时引导和支持民营企业和大型国有企业投资建设一批市场化运作、企业运营的文化股权投资公司或设立文化产业风险投资基金,在雄安新区考虑创建国家级文化金融合作试验区,切实缓解文化科技企业或中小文化创意型企业融资难、融资贵的难题。二是积极搭建文化人才引进培养平台。在文学创作、影视、戏剧、造型艺术、工业创意设计等领域谋划建立全省"专项"培养人才计划,借力北京、天津相关高校的文艺及创意实力，开展校企合作或校际合作。鼓励各市在职业教育发展中注重文化创意人才的专门培养，注重文化工匠的专项培育，并将人才实践与各地文化特色小镇、文化产业园区、文化创意街区的建设及文化企业实践相结合，打造一批文化产业用得上的领军人才和创意团队。

文化产业展示交易平台。一是筹划抓好文化产业展会群。筹划举办年度性的京津冀（河北）特色文化产品博览交易会、"创意河北"文化科技节等，拓展提升吴桥国际杂技艺术节、石家庄国际动漫博览交易会、邯郸太极国际交流大会等省内文化节会的国际化水平，不断提升河北省文化会展交流平台的影响力。二是加强电商平台建设。围绕发展县域特色文化产业和特色产品，打造具有影响力的电子商务交易平台，构建网上销售渠道，擦亮特色产品品牌。围绕发展剪纸、乐器、陶瓷、雕塑、童车等优势行业，建立产业电子商务发展联盟，加快推进行业电商平台建设，推动营销模式创新。

### （三）大力实施"文化名企培优"工程，深化国有文化企业运营管理机制改革，扶持民营文化企业做大做强

文化产业实力和活力的强弱归根结底表现为市场主体实力和活力的强弱。通过改革创新和政策扶持，推动国有文化企业焕发活力，加快民营文化名企的崛起，才是文化产业发展的关键。具体来说，有以下几项措施。一是推动省、市属国有文化企业深化内部机制改革。当前的国有文化企业改制已经基本完成，但是内部管理经营机制的改革仍未到位，与市场机制的要求还有很大的差距，其中用人机制、分配机制、工作推进机制和经营管理机制等都存在体制

内事业单位的显著特征，企业发展过程中的经营弊端较为严重，新兴业态的转型发展较为滞后。当前，河北日报报业集团、河北广电传媒集团、河北广电信息网络集团、长城新媒体集团、河北演艺集团、河北影视集团等省属大型国有文化企业，迫切需要在深化研究和借鉴先进经验的基础上，提出适应自身实际的公司法人治理结构改革方案，形成有文化特色的现代企业制度，并加快在新兴业态转型、数字内容开发、跨区域兼并重组等方面的步伐，逐步扩大市场占有率和话语权，努力成为全国知名的文化企业集团。二是壮大民营文化企业实力。出台相关政策措施鼓励传统产业领域的大型企业向跨行业领域、跨业态方向发展，积极促进传统重化工业企业、房地产企业和传统物流企业涉足文化产业，向文化企业转型；支持和引导小微文化企业向"专、精、特、新、融"方向发展，鼓励与大文化企业协作配套，利用创新创业平台和互联网交易平台等载体拓宽发展渠道，引导其逐步集聚形成区域特色文化产业集群。

### （四）大力实施"借力改革创新"工程，借力雄安新区改革创新红利推动相关体制改革和支持政策创新

中共中央、国务院已出台《关于支持河北雄安新区全面深化改革和扩大开放的指导意见》，这是中央对雄安新区"1+N"政策体系中的"1"，随着后续国家各部委"N"的政策不断出台，雄安新区将成为全国改革开放政策创新的新高地。在推进河北省文化产业发展过程中，应超前研究雄安体制机制及政策创新对文化产业及文化领域改革创新的影响与延展可行性，超前提出一系列借力雄安

体制与政策创新可复制的具体改革措施。一是借力推进文化事业单位内部机制改革。探索在省市两级图书馆、博物馆、文化馆、科技馆等公共文化机构组建理事会，探索公共文化机构服务新模式，实行公共图书馆、文化馆总分馆制，适时与京津联手共建京津冀公共文化服务"云平台"，实现城乡及农村、城市社区公共文化服务资源整合和互联互通。继续深化文化事业单位劳动人事、收入分配、社会保障、经费保障等制度改革，提高基本公共文化服务标准化、均等化水平。二是借力推进文化产业创新发展试验区建设。在雄安新区以外的河北其他地区，选择基础较好的市县（区），开展文化产业创新试验，研究建立推动数字文化产业发展的有效机制，培育各类新型文化业态，推进文化与前沿科技领域融合发展。三是借力投资审批改革推动文化企业营商环境的根本改善。当前河北省文化企业面临的营商环境与先进省市相比有很大差距，交易性成本居高不下，涉及用地的文化企业投资项目的审批一般在一年至一年半才能完成。雄安新区针对当前投资审批制度的弊端进行了先行先试，因此，借力雄安改革红利，深化文化产业"放管服"改革，可推动全省文化产业投资项目审批体制及运行机制的大变革，对全省文化产业发展具有不可估量的重要作用。

**（五）大力实施"文化＋科技＋其他行业"三融合工程，加快集聚新兴业态和高端要素**

从以往的文化产业融合发展实践看，单纯的"文化＋科技"或"文化＋其他行业"在推进过程中效果并不理想。究其原因，在现代数字和互联网经济无孔不入的环境下，推动文化与农业、工业、服务业等相关产业深度有效融合，离不开科技的支撑，脱离了技术应用的"文化+其他行业"，难以培育新型文化业态，难以拓展文化产业发展的载体和空间。无论是休闲农业创意园，还是工业设计或融入文化创意的制造业，都离不开大数据及移动网络的助推和新技术、新工艺、新设备、新材料的应用设计，因此，将三者融合推进才能真正实现文化产业的新兴业态和高端要素在区域载体的集聚。为此建议如下。一是加快推进河北省特色优势文化产业"三融合"。支持陶瓷、雕塑、宫灯、剪纸、内画、乐器、玩具等传统优势文化产品运用创意设计和高科技手段，向特色化、集群化、品牌化发展。二是加快推进文化产业园区、街区或特色小镇等区域载体的"三融合"。依托区域载体，将文化与科技、金融及其他相关行业紧密联结，延伸相关产业链条，加快文化产品、文化体验服务、文化贸易的协同互通共进，从而大大增强文化产业区域载体的竞争力和生命力。

# 宏观视野

**Macro-Fields of Vision**

## B.2
## 全国七大经济大省文化产业竞争优势分析及启示

严文杰[*]

**摘　要：** 全国七大经济大省不仅地区生产总值高，文化产业发展也走在全国前列。从全国七大经济大省的视角研究文化产业，具有较强的现实意义。本文首先系统总结全国七大经济大省文化产业具有的共同竞争优势，然后分析当前河北省文化产业发展的现状及其特征是文化产业企业营业收入增长始终在中低速徘徊、文化产业规模偏小且

---

[*] 严文杰，博士，河北省社会科学院经济研究所、河北省文化产业研究中心助理研究员，主要研究方向为区域经济、文化产业。

区域间发展不平衡，并在此基础上提出新时代要加快文化与旅游融合，培育文旅产业核心竞争力，以提升河北省文化产业竞争优势的建议。

**关键词：** 七大经济大省　文化产业　竞争优势

## 一　全国七大经济大省地区生产总值高的省份，文化产业企业营业收入也较高

2017年全国各地区生产总值排名前七位的省份依次是广东、江苏、山东、浙江、河南、四川、湖北（简称"全国七大经济大省"）。从全国七大经济大省文化产业看，其规模以上文化及相关产业企业营业收入排名与地区生产总值排名完全一致，广东、江苏遥遥领先于其他省份文化产业企业营业收入（见表1）。可见，在某种程度上经济越发达的地区文化产业发展得越好，或者更严谨地讲，生产总值越高的地区文化产业发展得越好。当然，两者并不能完全画等号。比如，地区生产总值排在全国第九位的湖南，其规模以上文化及相关产业企业营业收入达3479亿元，比地区生产总值排在全国第六、第七、第八位的四川、湖北、河北要高得多，也仅略低于地区生产总值排在第五位的河南。其中，湖南规模以上文化及相关产业企业营业收入几乎是河北的3倍。还有地区生产总值排在全国第十位的福建，规模以上文化及相关产业企业营业收入也要比河南、四川、湖北、河北、湖南高。不过，湖南生产总值即将超过河北，福建生产总值与排在第七位的湖北相差

也不大。这可进一步说明生产总值高的地区文化产业发展较好的客观事实，或者至少可以说经济较发达的地区文化产业发展不会太差，这种特征在城市区域中体现得更加明显。无论如何，目前在全国七大经济大省中，地区生产总值越高的省份，文化产业也更具竞争优势。因此，从全国七大经济大省的视角研究文化产业是具有现实意义的。特别是对于河北省来说，总结全国七大经济大省文化产业的竞争优势，汲取其发展经验，对于加快河北省文化产业高质量发展是非常必要的。

表1 2017年全国七大经济大省、河北省规模以上文化及相关产业企业营业收入

单位：亿元

| 地区生产总值排名 | 省份 | 规模以上文化及相关产业企业营业收入 |
| --- | --- | --- |
| 1 | 广东 | 17547 |
| 2 | 江苏 | 14110 |
| 3 | 山东 | 9506 |
| 4 | 浙江 | 7918 |
| 5 | 河南 | 3617 |
| 6 | 四川 | 2926 |
| 7 | 湖北 | 2536 |
| 8 | 河北 | 1231 |

注：本表全国七大经济大省是指2017年地区生产总值在全国各省份中排在前七位的省份。

资料来源：根据《中国统计年鉴（2018）》有关数据整理。

## 二 全国七大经济大省文化产业主要竞争优势分析

在全国七大经济大省中，各省份除具有各自的独特优势，比如广东省毗邻港澳，文化产业发展区位优势明显；浙江省依托其全国

独一无二的特色小镇，文旅相关产业发展十分强劲；等等。还具有一些共同的竞争优势。

## （一）文化与科技走向深度融合，已步入"2.0时代"

在全球科技革命和产业变革的背景下，文化产业发展的一大趋势是与科技融合得越来越紧密。如果说全国大多数省份文化与科技融合还处于"1.0时代"，那么全国七大经济大省则步入了"2.0时代"。这种优势源于全国七大经济大省电子信息产业较强。综观全球文化产业发达的地区，科技在文化产业发展中的作用愈加明显。广东、江苏、浙江等地区在文化产业发展中尤其注重文化与科技的融合。如科技创新一直走在全国前列的广东，把科技创新优势充分运用到文化产业上，坚持实施"文化+科技"战略，把科技创新作为文化产业发展的驱动力，培育了迅雷、A8新媒体、华强方特、环球数码、腾讯等一批文化与科技融合型企业，也催生了文化大数据、云服务平台、文化科技前沿领域的物联网等技术。再如江苏省，为促进文化与科技更好地融合发展，早在2016年就出台了《促进文化科技融合发展的二十条政策措施》，包括孵育文化科技创新型企业、培育新型文化业态、实施重大技术项目带动、建设文化科技融合载体平台等八大类措施。在这一政策的引导下，南京打造了全国首个集文化科技展览、展示、交易于一体的文化科技融合服务平台。浙江在文化与科技融合方面的优势也较明显，杭州、横店、宁波已成为国家级文化与科技融合示范基地，其中，杭州是首批国家级文化与科技融合示范基地。同时，浙江还打造

了一批省级文化与科技融合示范项目和示范园区，并支持有条件的地区创建国家级文化与科技融合示范基地。

### （二）企业文化资源的开发和整合能力较强，能把文化资源和自然资源优势转化为文化产业优势

文化资源的开发和整合能力不仅体现在政府对文化产业的整体规划能力，还体现在企业的文化资源开发能力，使文化资源和自然资源优势能转化为文化产业优势。对于前者，各省份相差不大，可能经济发达省份政府的规划理念更加先进，但在企业文化资源开发方面差距就较大。现实中一些文化资源丰富的地区文化产业发展上不去，而一些文化资源并不突出的地区反而发展得更好，造成这种差距的一个重要原因是地区企业文化资源开发能力的大小。在全国七大经济大省中，很多地方的企业都具备这种能力。比如广东企业对文化和自然资源整合能力就很强，像羊城创意产业园、深圳灵狮小镇、东莞南城艺展中心等别具一格的文化产业基地，都是企业在旧房的基础上通过融合现代元素和高科技改造而来的。这种文化资源整合能力值得大多数地区的企业学习。

### （三）已形成文化产业企业多元化与产品多样化的新格局

分析全国七大经济大省文化产业行业发展趋势，发现这些省份除保持传统制造业、批发和零售业、服务业领域的一些优势行业外，专业化设计服务、网络文化、营业性涉外的演出等行业也在逐步拓展、壮大，文化产业呈现"百花齐放"的多元化格局。文化企业多元化发展趋势使这些省份文化产业发展更具活力，同时带动

了传统文化产业转型升级，也为扩大文化与科技融合范围、文化产品创新预留了较大的产业空间。与这些省份企业多元化相对应的是文化产品的多样性，依托互联网形成的网络文化产品和服务在这些省份呈现爆发态势，比如动漫、网络音乐、端游等文化产品。在传统文化产品消费下降的情况下，这些文化产品成为全国七大经济大省文化产业发展新的增长点。

## （四）能有效利用城市群、经济区、大湾区内先进地区文化产业的辐射作用带动当地文化产业发展

在一个城市群、经济区、大湾区内，若各要素能够实现自由流动，比如人才、资本及文化消费市场的畅通，则有利于加快文化创意产业发展。考察全国七大经济大省文化产业，发现这些省份能有效利用城市群、经济区、大湾区内先进地区文化产业的辐射作用带动自身发展。比如广东省在发展文化产业的过程中，就受到了香港、澳门等地文化产业的有效辐射影响。广东毗邻香港和澳门，而文化创意产业恰恰是香港和澳门最具活力的产业之一，比如电影、音乐、游戏等行业。这些行业或多或少辐射到了广东，带动了广东文化产业的发展。据初步统计，广东省网络音乐产值约占全国网络音乐产值的64.0%，游戏产业产值占全国游戏产业产值的71.0%。与此同时，香港和澳门文创产业的一些创新理念直接或间接辐射到了广东地区，使得广东文化创新能力较强，特别是深圳、广州等地。随着粤港澳大湾区城市群的建设和港珠澳大桥的通车，广东发展文化产业的优势将更加明显，与香港、澳门的联系也将更加紧密。

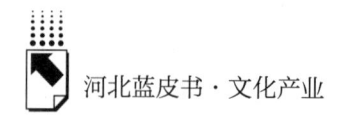

## 三 河北省文化产业发展现状及其特征

**（一）近年来河北省文化产业企业营业收入增长始终在中低速徘徊，增速长期低于全国平均水平**

近年来，河北省文化产业企业营业收入增速一路下滑，2016年下滑至5.9%，到2018年上半年，增速已下滑至0.7%，增速比全国同期低9.2个百分点。从2018年上半年三大文化产业企业营业收入看，增速存在较大差异：文化服务业较高增长（6.7%）、文化批发零售业低速增长（1.4%）、文化制造业企业负增长（-0.7%）。河北省文化产业企业营业收入持续下滑，原因很多，其中一个重要原因是体量较大的传统文化产业企业营业收入增速下滑较多，而新兴文化产业企业体量太小，虽然营业收入增速较高，但新兴文化产业企业营业收入的增量还弥补不了传统文化产业企业营业收入的减量。以河北省2018年上半年文化及相关产业所有行业小类营业收入为例，下滑幅度最大的几个行业主要集中在传统文化服务业和传统文化制造业。其中，文化活动服务、森林公园管理、群众文体活动等传统服务业营业收入分别比2017年同期下降84.3%、81.3%、77.4%；音响设备制造业、其他娱乐用品制造业、影视录放设备制造业、广播电视节目制作及发射设备制造业等传统文化制造业营业收入分别下降69.8%、67.9%、56.0%、55.2%。从河北省文化产业新业态看，虽然文化投资运营、创意设计服务企业营业收入分别增长101.5%、24.4%，但其总量仅有

27.5亿元、0.9亿元。也就是说，目前河北省文化产业新业态体量较小，而传统文化制造和服务行业增长又乏力，造成河北省文化产业企业营业收入增长低迷。反观全国七大经济大省，近几年大部分省份文化产业企业营业收入年均增速保持在12.0%以上，高于全国平均水平。仔细探究，全国七大经济大省不仅文化产业新业态增长强劲，而且传统文化产业转型升级几近完成，在传统文旅产业融合发展、文化和科技融合发展等方面走在全国大多数省份前列。

### （二）文化产业规模总体偏小，且企业劳动生产率较低

2017年，河北省规模以上文化及相关产业企业营业收入为1231亿元，与全国七大经济大省相比，不及广东、山东的零头，仅占山东的12.9%、浙江的15.5%，是河南的1/3。与四川、湖北两省相比，文化产业企业营业收入差距也很大，分别相差1595亿元、1305亿元。即便与2017年经济总量低于河北的湖南、福建等省份相比，文化产业营业收入的差距同样十分明显。从规模以上文化企业总量看，河北省也不多，2017年河北省规模以上文化企业1706个，单位个数居全国第13位，占全国整个文化及相关产业法人单位的比重仅2.8%。一个十分有意思的现象：河北与四川的文化及相关产业法人单位数大致相同（河北1706个、四川1782个），但文化及相关产业企业营业收入相差较大，四川是河北的2.4倍。除两省文化产业结构外，四川文化产业企业劳动生产率也远高于河北。河北文化产业企业劳动生产率低，从其企业经济效益也能反映出来。2018年上半年，河北省规模以上文化及

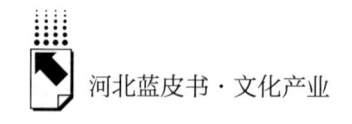

相关产业法人单位实现利润总额20.1亿元，比上年同期下降16.60%。其中，国有文化企业利润总额为-0.3亿元，比上年同期下降216.4%。河北文化产业企业经济效益下降，国有文化企业生产形势急剧下滑。

与其他产业不同，文化产业具有逆经济周期增长的特性和规律，在经济下行时期对经济的提振作用和贡献相当大。审视2013年我国经济进入新常态以来，很多地区文化产业的发展速度远高于国民经济增长速度。近几年湖北、四川、湖南文化产业发展较快，特别是四川，2016年文化及相关产业企业营业收入同比增长23.17%，2017年同比增长12.1%，2018年上半年同比增长16.2%。反观河北，近几年河北文化产业增速出现断崖式下降，2018年上半年文化产业企业营业收入增速几乎快要降至零。而近几年河北省经济总量先后被四川、湖北超越，包括2018年即将被湖南超越。能否说文化产业发展低迷是河北经济总量被四川、湖北、湖南超越的一个重要原因？这是一个值得进一步思考和探讨的课题。但一个不容置疑的客观事实是：目前河北省文化产业规模偏小，企业劳动生产率偏低，文化产业对河北省经济增长的贡献较小，贡献率远远不及"十二五"时期。

**（三）文化产业区域间发展不平衡，石家庄遥遥领先于其他城市**

与多数省份包括全国七大经济大省一样，河北省文化产业也面临区域发展不平衡的问题，主要体现在省级中心城市及以其为中心的经济区文化产业总量占比大、发展水平高，而远离省级中心城市的地区文化产业发展缓慢、总量占比小。比如浙江省的杭州、宁波，山东省的济南、青岛，江苏省的南京、苏州，广东省的广州、深圳，河南省的郑州，四川省的成都，湖北省的武汉，其文化产业企业营业收入占比远高于省内其他地区。从河北省来看，也是省内中心城市石家庄遥遥领先省内其他设区市。据统计，2018年上半年河北省规模以上文化及相关产业营业收入排在前三位的城市分别是：石家庄221.5亿元，占全省的42.8%；保定54.5亿元，占10.6%；唐山51.5亿元，占10.0%。而张家口、承德营业收入分别只有11.7亿元、4.6亿元，仅占全省规模以上文化及相关产业营业收入的2.3%和0.9%。从规模以上文化及相关产业法人单位数看，上半年石家庄占全省的20.2%，保定占全省的12.8%；而张家口、承德单位数分别占全省的4.4%和3.9%。总体上看，河北省规模以上文化产业区域发展极不平衡。

## 四 新时代提升河北省文化产业竞争优势的建议

（一）加快文化与旅游融合，培育文旅产业核心竞争力，打造河北版的"宽窄巷子"文化地标，塑造河北版的《宋城千古情》

文化与旅游融合，是文化产业发展的必然趋势。在这一趋势下，2018年国务院新一轮机构改革，文化部和国家旅游局正式合并，新成立文化和旅游部。在国务院指导下，各级地方政府先后对文化部门和旅游部门合并，成立文旅部门。事实上，早在几年前，一些经济发达地区就在探索文化部门和旅游部门的合并，合并效果远超预期，既推动了文化产业发展，又促进了旅游产业的大爆发。从学理上讲，无论是地方特色文化产品、民族民间工艺品，还是民族民间演艺和地域特色文化体验等特色文化产业，实质都是文旅产业。比如四川的九寨沟演艺、天津的杨柳青年画、云南的珠宝玉石、杭州的《宋城千古情》、广西的《印象·刘三姐》、青海的彩画和堆绣等，都属于文旅产业的范畴。河北省民族民间工艺品、地方特色文化产品十分丰富，但缺少有影响力的民族民间演艺和地域特色文化体验。也就是说，有文化产品却缺乏文化体验，这是河北省文化产业发展中的一大短板。现如今即便有十分精致的产品，若消费者体验不到，或者没有吸引消费者游玩的"大餐"，再精致的文化产品可能都无人问津，因为在互联网时代，任何地方的任何产品都可以网购，即便是网购，如果没有很好的文化体验，可能消费者也不会购买。倘若能将文化产品和文化体验很好地结合起来，不仅能带动文化工艺品的消费，还能促进文化服务消费。以四川省成都市战旗村为例，该村不仅有可供游客购买的郫县豆瓣、唐昌布鞋、蜀绣，游客在这里还能够体验郫县豆瓣加工、榨油、蜀绣刺绣、布鞋制作等多项非物质文化遗产传统技艺表演。在战旗村，游客吃喝玩乐购住可以一起解决，每到周末都吸引了周边地区大量的上班族。据统计，2018年1~5月，该村接待游客30万人次。仔细探究，如果战旗村只有郫县豆瓣、唐昌布鞋、蜀绣这些文化工艺品，没有工艺表演和文化体验，没有好的旅游配套设施和服务，也就不可能吸引到大量的游客。

河北省加快文化和旅游产业融合，一个重要的途径是加快文化旅游特别是乡村文化旅游的发展。一是把文化产品和文化体验结合起来，解决只有文化产品而缺乏文化体验的短板，打造三大类特色文化产品和服务基地。第一类是特色工艺品基地，如河北民间乐器、年画、剪纸等，游客在基地既可以购买特色工艺品，又可以参与体验；第二类是特色演艺基地，如类似"非遗"戏曲、印象系列、九寨演艺、丽水金沙这些在全国有影响力的演艺；第三类是特色文化旅游基地，如类似成都宽窄巷子、平遥古城、乌镇、周庄等著名文化旅游基地或文化地标。这几种特色文化产品和服务既可以单独塑造，也可以一起打造。二是加快乡村文化旅游基地基础设施和服务建设，如交通、酒店等，让游客既想来、来得了，也能够留得住。三是用好用足"乡村振兴"战略，吸引国内外企业投资，开拓京津冀文旅市场。

## （二）正视文化与科技融合发展差距，借力京津、雄安新区加快步入文化与科技融合"2.0时代"

"文化＋科技"是文化产业发展的又一大趋势。从全球和我国发达地区看，"文化＋科技"主要是文化和信息技术的融合。但信息技术产业恰恰是河北省十分薄弱的产业。从这个角度出发，河北省文化和科技融合面临信息技术的限制。不过，在京津冀协同发展和规划建设雄安新区的背景下，河北省可借用北京强大的信息技术加快传统文化产业的改造和升级。因此，"文化＋北京科技"是河北省文化产业实现文化和科技融合发展的必然选择。未来，河北省要加快文化和科技融合：一是要依托云计算、大数据、物联网等前沿科技成果，实施"文化产业支撑技术"专项工程，促进高新技术在河北省传统文化旅游、演艺娱乐、工艺美术等行业的运用，推动其升级换代，实现河北省传统优势文化产业在内容创作、传播方式和表现手段等方面的创新；二是大力培育3D打印、虚拟会展、移动多媒体等文化科技融合新业态，引领文化产业未来发展趋势和方向，增加新行业、新业态在文化产业中的比重，从而提高其在文化产业增长中的贡献率，提升河北省文化产业发展活力；三是使雄安新区成为全国、亚洲甚至全球文化科技产业发展的示范区和先进区，促进河北省文化与科技融合，带动河北省文化科技产业发展。

### （三）着力培育文化产业知名企业，带动中小企业集聚发展

无论哪类产业，没有知名企业的支撑和引领，都不可能在全国形成有影响力的产业集群，不可能做大、做强，文化产业也不例外。在全国七大经济大省文化产业知名企业中，广东游戏、网络文化行业有腾讯、欢聚时代、星辉娱乐，动漫、文化旅游行业有华强方特、华侨城、奥飞动漫；浙江影视文化行业有华数传媒、华策影视、长城影视，演艺、文化旅游行业有宋城演艺，新闻出版、游戏行业有浙数文化；江苏有线电视行业有江苏有线，新闻出版行业有凤凰传媒；湖北有湖北广电、长江传媒；河南有大地传媒；四川有新华文轩。这些企业都是所在地区文化产业相关行业的龙头企业，带动了当地一大批中小企业的集聚发展。河北省在全国有一定知名度的文化企业，仅有河北出版传媒集团等少数企业。未来，河北省要加快培育文化产业知名企业，带动中小企业集聚发展，主要思路和措施包括两方面。第一，在区域布局方面，要借力北京科技资源

优势，在雄安新区和环首都区域的廊坊、保定及石家庄培育几个文化科技企业；利用京津广阔的文旅消费市场，在环京津区域的保定、承德、张家口等地培育几个演艺、文化旅游企业，打造几个有影响力的演艺和文旅项目，满足群众的精神文化需求；立足衡水武强等地传统民族乐器制造、年画的优势，培育几个知名工艺美术企业及其相关工艺演艺企业；立足邯郸魏县传统手工技艺，培育数个工艺美术企业，打造"非遗"文化旅游基地。第二，在文化行业企业培育方面，一是要加快传统文化制造和文化服务行业企业往"互联网+"方向转型升级，特别是演艺和文化旅游企业亟待升级，盘活传统文化产业存量；二是要在动漫、游戏、科技等文化产业新业态提早谋划、加快布局、做优增量。

# B.3
# 河北省文化产业园区对区域经济竞争力的促进作用及其政策创新研究

姚胜菊*

**摘　要：** 众多国内外文化产业园区发展经验表明，文化产业园区发展有赖于区域经济的繁荣，同时，区域经济上升到一定阶段又需要文化产业注入新的活力、形成新的引擎，文化产业园区对区域经济发展质量和品位的提升具有支撑和活化作用。河北省文化产业园区建设还有许多方面滞后于经济发展的需要，产业融合、园区管理、产业链条、人才队伍等都有待加强，必须进一步提高文化产业园区对全省经济发展的促进作用，使文化产业早日步入全省支柱产业行列。

**关键词：** 文化产业园区　区域经济　产业融合

工业产业集群促进区域经济发展的理论与实践已经得到广泛认可，但文化产业园区对区域经济的促进作用容易被轻视。发达国家

---

\* 姚胜菊，河北省社会科学院经济研究所研究员，主要研究方向为区域经济、文化产业、民营经济。

的发展实践证明，文化产业与其他产业相比，对区域经济的带动作用是倍增的，具有"四两拨千斤"的效应。工业产品经过艺术加工和设计包装，对产品附加值的提升会以几何级数增长。随着文化产业的聚集发展，文化产业园区对区域经济发展的促进作用更具可持续性和跨越性。

## 一 文化产业园区高质量发展对区域经济转型升级具有重大意义

### （一）文化产业园区有利于带动区域经济融合发展

文化产业与其他产业相比，具有较强的关联带动性，能够对相关产业形成渗透和催化作用。文化产品的生产不仅能够为本行业的发展带来商机，还能为其他制造业的发展带来灵感和启迪。例如，影视剧中的经典形象会成为服装设计、玩具生产、家装建材等行业的创新要素，音乐曲艺等文艺作品会成为医疗健康产业的辅助治疗方法，文化旅游产业的兴起会带动纪念品制造业的高速发展等。文化产业的扩散效应，会衍生出大量的新兴业态。文化产业园区由于强大的集聚效应，向其他产业的渗透和融合能力更强，成为区域发展的增长极。

### （二）文化产业园区有利于激发区域的创新创业活力

创新驱动是区域经济发展的原动力，文化产业园区正是创新创业要素最能发挥价值的地方。一是文化产业园区具有对文化资源进行吸纳、聚集、整合、激活的能力，对营造区域创新环境、培育区域创新主体、健全区域创新机制具有示范带动作用。二是文化产业园区是文化企业、文化人才发挥优势的最佳选择，创意企业和创意人才在合作、交流中，实现沟通、互惠和分享，文化创意发酵，知识思想溢出，开发和创新能力得到提升。三是文化产业园区使创新要素根植于创新土壤之中，运用园区迎合文化产业发展的服务平台建设，加快成果转化步伐，激发区域创新活力。

### （三）文化产业园区有利于推动区域经济转型升级

一是文化产业园区的壮大会提高区域第三产业的数量和质量，对产业结构优化具有直接的意义。二是文化要素的注入会明显提升传统制造业的文化含量和文化品位，产品档次将上升到一个新的高度，消费群体和消费范围会得到拓展。三是文化产业作为文化产业园区经营的核心内容，对区域经济转型升级的推动作用与科技要素具有异曲同工的作用，文化创新对区域经济发展的推动力与科技创新同等重要。

### （四）文化产业园区有利于对区域经济发展形成持久动力

文化底蕴是区域创新的基石，文化的繁荣程度对区域的创新实力具有决定性的作用。在一个区域内，能源、原材料等自然资源的数量是一定的，如石油、天然气等，是不可再生的，但文化作为资源来说是不断涌流的，而且随着研究开发程度的日益加深，会发现其蕴藏的能量越来越大，文化作为经济发展要素的属性越来越明显，其对提高区域经济发展质量的作用越来越显著，对劳动者创新思维和能力激发的作用日益加大,是创新的原动力。而具有集聚效应的文化产业园区,将文化资源集中在一定的区域内,其文化资源的密度更高,文化资源的能量更大,所以文化产业园区应该是区域经济发展最有希望的热力源和增长极。

## 二 国内外文化产业园区对区域经济促进作用的实例分析

国内外文化产业园区的繁荣程度与区域经济的发展水平息息相关。可以说,文化产业园区是区域经济发展到一定高度的标志,同时,文化产业园区建设又对区域经济发展具有引擎价值。

### (一)英国作为最早提出并推动文化创意产业发展的国家,其文化产业园区具有示范作用,文化产业成为经济增长的领头雁

英国最为著名的文化创意产业聚集区有伦敦西区文化艺术聚集区、伦敦SOHO传媒产业聚集区和谢菲尔德文化产业园。伦敦西区文化艺术产业具有浓厚的传统文化韵味,是世界两大戏剧中心之一,其剧院数量占到了伦敦剧院总数的一半,它们大都集中在沙夫茨伯里和海马克特两个街区,占地面积不到1平方英里,其中比较著名的有英国皇家歌剧院、皇家莎士比亚剧院等,许多都依靠政府资助。伦敦SOHO传媒产业聚集区以影视制作为主,区内影视制作公司有数百家之多,还包括摄影、广告、音乐等关联产业,上下游产业链比较健全,规模效应明显,各个环节之间互为需求、互相促

进。电影制作依托本国雄厚的产业基础，引进外国资本，运用国际化的电影公司营销网络开拓全球市场，做强本土的电影产业。谢菲尔德文化产业园发源于钢铁产业，由于传统钢铁业的衰败，一些废弃的车间厂房成为乐队的创作基地，为钢铁城市的转型找到了出路。为了顺应这一发展趋势，政府加大了扶持力度，从园区规划和政策推动两方面促进文化产业园区的蓬勃发展。现在已经汇聚了几百家文化组织和文化企业，其纪录片电影节和数字艺术节都有很高的知名度。

英国经济发展速度与质量都取得了令人瞩目的成绩。由于文化产业园区实力的壮大，英国文化创意产业一直居国际领先水平，成为英国的支柱产业。从行业来看，文化创意产业涵盖了出版业、广告产业、广播电视业、音乐产业、设计业等13个主要领域，带动了第三产业的兴旺，确立了第三产业在国家经济发展中的龙头地位。2008～2016年，英国文化创意产业实现了年均6%的增长速度，是全国综合经济增长速度的2倍，成为产业发展的亮点。此外，英国传统制造业在文化创意产业的推动下，技术研究和工业设计等方面也获得了快速发展，对国家积累财富和充分就业都具有支撑作用。

（二）美国作为文化产业最发达的国家，其文化产业园区的实力在国际上首屈一指，为制造业和金融业发展开辟了广阔空间

美国的好莱坞和纽约SOHO区是文化产业聚集区的代表。美国最著名的文化产业聚集区是坐落在洛杉矶的好莱坞，20世纪初，

美国的电影公司纷纷从纽约迁往洛杉矶建立摄影基地，包括被大家熟知的米高梅电影公司、派拉蒙电影公司等八大影视公司，开创了辉煌的"大制作片时代"，这个时代主要以电影的制作、发行和放映为核心。自20世纪60年代末期开始，随着兼并重组，好莱坞迈进了新的发展阶段，电视、网络都成为其经营的业务范围，并进一步壮大了金融、工业和商业，产业链条的完善使其在全球影视行业的地位得到巩固，产业链条上的各个节点合理匹配、相互协助，实现了园区整体的持续发展。纽约SOHO区以其创意园区而闻名，开拓者是一些来自于欧洲的艺术家。鼎盛时期，纽约市1/3以上的艺术家都集中在这一区域。纽约凭借其作为世界经济、人才、智力高地的优势，使文化产业与其他产业实现了融合共通，在这一开放多元的发展氛围之中，造就了集时尚、休闲、艺术于一体的园区特色，园区的发展活力成为各行业前进的动力源泉。

园区对区域经济发展的反哺作用明显。美国东西两个文化产业聚集区的发展历程充分说明，发展初期的政府扶持必不可少，形成规模后对区域经济繁荣发展的推动也是不言而喻的。文化衍生产品制造业的产值远远超过了电影票房的收益，好莱坞的电影产业使洛杉矶的旅游产业、国际贸易、服装设计与制造产业都举足轻重，同时也使金融业和风险投资有了用武之地。

**（三）韩国作为亚洲文化产业最发达的国家之一，其文化产业园区建设具有借鉴价值，文化产业成为韩国外贸出口的支柱**

韩国的文化产业园区比较成功的有首尔数字媒体城和HEYRI艺术村。韩国文化产业发展在亚洲国家中走在前列，从产品来看，其文化创意产品主要包括电子游戏、电影和电视剧;从地域分布来看,首尔是全国文化创意产业的中心,首尔周边聚集了游戏、旅游、影视、出版和艺术创作等各种类型的产业园区。首尔数字媒体城是最为著名的数字媒体娱乐中心,集中了动漫、音乐、游戏等文化与信息技术结合的产业类型,在文化产业中深刻体现了产学研的完美结合。园区发展围绕文化创意产业而展开,运用计算机技术、数字媒体技术,引进软件研发企业和相关联的教育培训机构,以此将产业链进行延展和深化。在发展产业的基础上,附加了生活功能,实现了产城融合。HEYRI艺术村是由一些拥有村庄所有权的成员,基于营造心中理想的创意环境而建立起来的,居民具有浓厚的主人意识,可以说是一个城市的缩影。社区自20世纪90年代开始建设,通过民主自治的方式进行管理,具有持续优化的经营机制。社区成员的引进采取严格的筛选制,只有从事艺术与文化的人才能成为社区一员;社区环境由相关专家从景观、建筑等方面进行设计,以保护自然和生态为建设宗旨。

韩国文化产业经过20多年的高速发展,为国家带来了可观的经济效益,提高了国际影响力。2017年,韩国文化产业创造了高达110.53万亿韩元(约合人民币6529亿元)的销售收入,增速达到4.8%,比GDP增速高出1.7个百分点;全年文化产业出口总值达68.9亿美元,同比增长14.7%;文化产品出口也为增加就业创造了条件,每100万美元的出口额就会吸纳15个就业人口,[①] 是传

---

① 《韩国文化产业对经济的影响及启示》,公务员期刊网,https://www.21ks.net/lunwen/whcylw/107014.html。

统制造业吸纳人数的 2 倍。音乐、影视带来的广告效应遍及世界各地，衍生产品制造业的出口额迅速增长，旅游观光业也吸引了蜂拥而至的国外游客，进而大大提升了国家形象。

**（四）北京文化产业园区建设底蕴雄厚、数量众多、内容丰富，对全国具有示范和标杆作用，并带动了高新技术的快速发展**

北京文化产业园区中知名度较高的有 798 艺术区、中关村软件园及奥林匹克公园等。798 艺术区坐落在北京市酒仙桥区域，是由原来的老工业厂区改造而成的。21 世纪初以来，来自世界各国的艺术家看中了这里独特的建设风格，对其进行了装修和改造，建立起大量的工作室，成为他们进行艺术展示、创作和交流的基地，吸引了众多爱好者来此参观、互通、观摩、学习、购物，使之成为北京现代艺术最活跃的区域。中关村软件园位于北京市海淀区，是国内名列前茅的软件产业开发基地，由商务区和研发区组成，园区经营范围包括能源、金融、通信、国防等众多领域的工业化与信息化深度融合研发机构，体现了全国的最高水平。到 2017 年底，入驻园区的知名企业总部和全球研发中心超过了 600 家，软件工程师超过 7 万人，年产值超过 2000 亿元，单位面积产值全国领先。

北京文化产业园区的高新技术水平和资本运作能力表现突出。2016 年以来，北京市陆续认定了 30 个文化创意产业聚集区，建设了 20 多个、占地 40 多万平方米的文化产业园区。在文化产业园区的发展进程中，融入更多的高新技术要素，提升了文化产品的感染力，增强了文化作品的影响力，使文化产业搭上了高新

技术的快车道。到2017年底，全国58家文化产业上市公司中，有21家在北京，占比超过了1/3，成为全国文化产业上市公司最密集的地区。

## 三 河北省文化产业园区对区域经济发展的推动作用还有较大提升空间

与国内外实力雄厚的文化产业园区相比，河北省文化产业园区实力不足，其蕴藏的活力没有充分挖掘出来，对区域经济发展的推动作用有待加强。

### （一）文化产业园区内外各产业融合程度不高

加强文化产业园区内外各领域的融合发展是文化产业发展的需要，也是区域经济腾飞的需要，但河北省在这方面有所欠缺。一是重视文化产业与支撑要素之间的融合而忽视与其他产业之间的融合。基于文化产业自身发展的需要，各地在文化产业融合发展中一直比较重视与高新技术、金融等辅助要素之间的融合，目的就是用高新技术改造提升传统文化产业、培育新的文化业态、增强文化产品的表现力、吸引力和感染力，把河北省的文化产业做大、做强、做优。此外，文化管理部门也一直将文化产业与金融机构的融合作为重点。而推进文化产业与第一、第二、第三产业之间融合的呼声和实践相对较少，推进难度较大，推进速度迟缓，尤其是文化产业与第二产业的融合步履蹒跚。二是文化产业内部融合较多，而文化产业跨界融合较少。文化产业的内部融合是指文化产业内部各行业相互渗透交叉，模糊了原来的产业边界，产生了很多新的产业、产品或服务门类；而文化产业跨界融合是指文化产业各行业与文化产业之外的行业，如农业、工业等行业融合发展，产生新的产业类型。文化产业融合过程中，产业内各行业之间有着许多互通的发展方式和经营理念，较容易达成融合意向，如文化产业与旅游业的融合发展就走在了其他产业融合的前列，步伐较快。跨界融合由于发展方式和经营理念相差悬殊、跨度较大，需要较长时间的摸索和磨合，融合难度较大。

## （二）文化产业园区管理服务粗线条

近年来，河北省不仅涌现出曲阳雕塑文化产业园、蔚县剪纸文化产业园、吴桥杂技文化产业园等源于传统文化的产业聚集区，也出现了武强国际乐器文化产业园、河北美术学院东方文化创意产业基地、石家庄国家动漫产业发展基地创业孵化园等以现代文化要素为经营范围的产业聚集地，但大多数园区管理服务方式都处于初级阶段，运营方式没有充分契合文化产业的发展特质。一是园区对自身的特色及优势认识不到位，简单照搬先进地区文化产业园区的做法，而在深刻认清自身现状、发挥自身优势、挖掘自身潜能方面，没能找到最适合自己的发展路径。二是有些园区的管理服务方式和内容多年不变，缺乏创新和活力，甚至一些园区的管理服务就是以收取房租为主，管理部门对企业发展的需求不甚了解，对国内外文化产业园区的发展动向、未来发展趋势捕捉不到位。三是企业进入园区之后，管理部门没有针对园区内企业之间、企业与辅助机构之间以及企业与经营环境之间的交流合作建立沟通机制，更缺乏完善

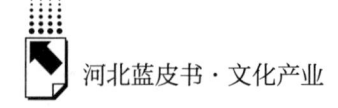

的配套设施建设。四是公共服务平台建设不系统，服务平台职能缺失，教育培训、融资担保、法律咨询等多样化的服务支持不够完备；平台运营资金无法保障，甚至出现有名无实的现象。

### （三）文化产业园区产业链有待完善

河北省文化产业园区普遍存在产业链条较短、各环节连接松散、整体实力不足、无法形成综合竞争力的缺憾。一是企业内部产业链条较短，围绕主营产业向前延伸，原料供应、产品设计、产品创新、市场调研等环节都比较薄弱；向后拓展，市场开拓、产品体验、市场反馈等阶段需加强投入。许多园区沿袭传统的发展观念，将精力放在产品的具体生产环节上，而在创新与研发方面投入有限。二是各企业在开拓国内外市场方面大都以"独自作战"为主，园区内企业与企业之间的供需关系不够紧密，由于关联效应不强，无法形成一个整体对外开展业务，进驻文化产业园区的优势不能充分体现出来。三是园区之间开放沟通较少，文化产业向其他产业的渗透不够，利用相关制造业技术开发衍生产品的能力不强，造成一些文化产品过于强调满足消费者的精神需求，而实用价值不大，在市场竞争中趋于弱势。

### （四）文化产业园区人才队伍建设跟不上产业发展的需要

河北省文化产业园区建设不仅缺乏文化专业人才，更重要的是缺乏专业和管理都精通的复合型人才。首先，近年来，为了适应河北省文化产业的发展，省内一些院校陆续设立了文化产业管理专业，如河北经贸大学、石家庄学院等，但理论学习与具体实践还存在不小差距，实习基地少、具体操作少，使专业后续发展并不乐观。其次，随着京津文化产业的发展，对文化产业人才的虹吸效应较大，河北省文化产业人才流失严重，去长三角、珠三角等地寻求发展的也不在少数。第三，文化产业人才"引进来、走出去"渠道不畅，缺乏与先进园区进行人才交流、学习、互通的机制，缺乏对最新知识和技能的学习，制约了产业园区的发展。

### （五）文化产业园区建设"一窝蜂"现象突出

自河北省提出大力发展文化产业、努力将文化产业培育成全省的支柱产业以来，各地发展文化产业的热情异常高涨，纷纷将文化产业园区建设作为重要抓手，但也一定程度地出现了"一窝蜂"现象，产业结构趋同，消费市场重叠，园区招商定位差异不大，造成了许多园区招商困难，发展乏力。前几年，各地都将动漫产业作为"大蛋糕"，大量上马动漫产业园区建设项目，除保定、石家庄以外，唐山、邯郸、承德等市也抢占商机，有些市不止规划了一个，甚至规划了四五个动漫产业园项目，造成了资源的浪费和恶性竞争。近年来，文化旅游小镇建设又普遍得到各级地方政府的青睐，出现了遍地开花的局面，在同一地区或临近区域内建设风格特点相似的文化小镇，而消费者来源的地域范围较小、消费能力不足。不仅造成资金的浪费、秩序的混乱，而且不利于区域旅游市场的健康发展。这些现象说明两个问题：一是文化产业管理部门推进文化产业园区建设的指导思想不够成熟，对如何发展缺乏深思熟虑；二是对本地区文化产业资源开发缺乏系统谋划、缺乏一体化思想。

## 四 发挥文化产业园区对区域经济发展推动作用的对策建议

### (一)建立推动文化产业园区与相关产业合作共赢的机制

一是制定宽松的产业激励政策。文化产业与其他产业融合的初创阶段,为了推动产业融合的进程,制定激励促进、宽松和谐的产业融合政策尤其重要。这些政策包括对文化企业创新精神的激励政策,对文化产业知识产权的保护政策,对产权交易市场、信息、技术、法律等支持要素的强化政策,鼓励公平竞争和降低市场准入的环境政策等。此外,对与文化产业密切相关的产业也要加大扶持力度,相关产业的快速、和谐发展,会强化这些产业对文化产业的需求和促进作用,从而加快与文化产业的融合和共同发展进程。还应重视和鼓励文化产业与相关产业交叉部分的技术创新,搭建良好的文化产业与相关产业共性技术研究开发平台。二是加快文化创意向多产业广泛渗透。促进文化产业与其他产业的融合渗透,关键是要本着产业皆有文化、推动产业文化的原则,为其他产业赋予精彩的文化内涵,真正形成一个跨界融合的大产业链模式。以增加产品的精神文化价值为核心,在传统工业的研发设计和生产工艺中注入文化、艺术和创意元素。[1]

---

[1] 董正国:《坚持走跨界融合的文化产业发展新路》,《河北日报》2012年7月6日。

## （二）提升文化产业园区管理质量

文化产业园区的管理水平决定着园区的发展质量，决定着文化产业园区对区域经济发展的推动能力，因此应加强全省文化产业园区的管理服务水平。一是实施园区管理提升工程，定期对各文化产业园区的管理人员进行业务培训，提高工作人员的业务水平和学习能力，掌握文化产业管理的最新知识，吸收发展文化产业的前沿思想，使业务能力的提升成为常态。定期组织省内文化产业园区之间、与外省文化产业园区之间的沟通交流和学习取经活动，开拓管理思路，借鉴管理经验，从理论学习和具体实践中得到提升。二是实施文化产业园区对标对表工程，将河北省已经命名的文化产业示范园区、文化产业示范基地的衡量指标进行量化和细化，与国内知名的文化产业园区进行对照检查，明确差距，查找原因，出台措施，形成更加积极的文化产业园区发展氛围。制定更具操作性的文化产业园区认定标准和阶段性提升标准，实现文化产业园区数量和质量的同步提高。三是园区公共服务平台建设要在加强政府约束指导的前提下，引入市场化机制，鼓励社会中介机构参与园区公共服务平台建设与运营，有利于服务平台的优化升级。对服务平台的监管要制度化、规范化，由园区内文化企业和第三方机构对平台的运行情况进行测度评估，并实行末位淘汰制，形成公共服务平台的竞争机制。

## （三）加强产业链的谋划与经营

河北省文化产业园区的壮大需要根据自身的实际情况，从企业个体和园区整体两方面进行文化产业链的提升。一是加强研发设计环节的人财物投入。相关研究显示，近年来，设计投入对产品价值的提升作用与日俱增，在珠三角等国内经济发达地区可以达到1∶100的水平，也就是说，1元的设计投入可以实现100元的产出，在欧美发达国家，这一比例甚至高达1∶1000。对文化产业来说，这一比例会更为可观。河北省在这方面应引起足够重视。二是加强文化产业园区的整体营销。作为园区公共服务平台建设的一个重要内容，园区管理部门要建设一些有影响力的、线上线下共同推进、能充分展示园区特色的营销平台，采取市场化运作模式，帮助园区内在市场开拓方面存在短板的企业解决销售困难问题，以园区整体推进的方式形成销售主渠道。

### （四）破解文化产业人才瓶颈制约

文化产业人才队伍建设，一是要加强对本土人才的培育，二是要扩大与外界的人才交流。发挥文化产业善于宣传、渠道多元的特点，利用一切宣传手段和传播工具，为全省文化产业园区造势，广泛传播文化产业园区的发展成就、园区特色、人才需求、优惠政策，吸引有求职意愿的文化人才入园落户。建立与国内外先进文化产业园区经常性的学习交流沟通机制，达到博采众长的效果。通过开展文化产品展演、文化知识普及等活动，加强与消费群体的互动交流，建设开放型的文化产业园区，建立智慧型园区，提高河北省文化产业园区在国内外的知名度和影响力。

## （五）加强区域文化产业园区建设的顶层设计

顶层设计要具有整体观念和系统观念。一是要立足本地的文化传统和产业基础特点，找准与其他地区的相同及不同之处，无论是传统文化资源，还是现代产业亮点，都可以进行开发。着力将自身特有的资质禀赋充分挖掘出来，实现差异化错位发展。二是要树立融合发展的观念，突破自成一体的禁锢意识，打破地域界限，合理布局文化产业园区，让区域文化资源实现流动，以此创造更大的经济价值。三是明确文化产业园区的建立标准，控制区域内功能相似园区的数量，对已经立项却迟迟达不到建设进度要求或偏离规划方向的园区项目，执行更加严格的监管措施，直至取消建设资格。四是突出园区建设的品牌意识，走高端化和精品化发展之路，不仅要服务于本土消费者，还要吸引周边省市和国内外的消费群体。五是加强对文化产业园区的宣传推介，文化作为区域软实力，扩大知名度尤为重要。要加大在国家媒体、各省份高端媒体上的推广力度，提高消费者对河北省文化产品的兴趣和关注度。

**参考文献**

董芳、于丽卫、刘向红：《京津冀协同下河北省县域文化产业园区同质化研究》，《合作经济与科技》2017年第9期。

黄绍斌：《浅谈文化产业园区的构建对区域经济的影响》，《中国国际财经》（中英文）2017年第17期。

毛伟：《关于特色文化产业及园区建设的思考》，《发展》2015年第3期。

宋竹芳：《世界文化产业园区发展特征与趋势探究》，《新西部》（理论版）2015年第5期。

田钰莹、胡叶星寒、孙玉、贾建楠、徐乐、杨丹：《河北省文化产业园区地缘集聚效应评价》，《合作经济与科技》2016年第13期。

王正：《创意产业发展与区域经济转型的互动研究——以浙江为例》，硕士学位论文，浙江工商大学，2012。

吴侨：《文化产业园区发展趋势研究》，《科技创新导报》2016年第29期。

吴威：《创意产业与区域经济增长互动发展研究》，博士学位论文，吉林大学，2014。

# B.4 大运河文化带旅游业创新发展的对策建议

张 葳[*]

**摘　要：** 大运河是一部千年文明史册，在中国的政治、经济、文化、军事史上具有非常重要的地位，是中国古代创造的一项伟大工程，是传承历史文明、展现民族智慧的宏伟诗篇。习近平总书记对大运河文化带的发展多次做出重要批示，强调要统筹保护好、传承好、利用好。本文在总结大运河文化带发展旅游业的重要意义基础上，深入分析当前大运河文化带河北段旅游业发展的现实基础，研判问题，从顶层设计、产业融合、优化供给、精品示范、生态优先、科技支撑、宣传营销、夜景规划等方面提出了大运河文化带旅游业创新发展的对策建议。

**关键词：** 大运河文化带　旅游业　创新发展

大运河是世界上开凿最早、距离最长、规模最大的运河，

---

[*] 张葳，河北省社会科学院旅游研究中心副研究员，主要研究方向为旅游经济。

是中国古代创造的一项伟大工程，是传承历史文明、展现民族智慧的宏伟诗篇。2017年2月，习近平总书记在视察北京大运河森林公园时强调"要古为今用，深入挖掘以大运河为核心的历史文化资源。保护大运河是沿线所有地区的共同责任"。2017年6月，总书记做出重要批示："大运河是祖先留给我们的宝贵遗产，是流动的文化，要统筹保护好、传承好、利用好。"大运河河北段上连京津、下接鲁豫，总长为530多千米，是连接雄安新区、承载京津冀协同发展的核心区域，是整个大运河河段中"活性"最高、遗址最丰富、文化旅游发展潜力最大的代表性河段之一。

## 一 大运河文化带发展旅游业的重要意义

一是有利于打造区域旅游合作的新样板。大运河沿岸旅游业的发展，对更好地挖掘利用运河历史文化，更好地宣传中国传统文化，更好地发展地方特色经济起到了促进作用，有利于借助旅游营销联盟平台，加强区域旅游合作，推动区域错位发展，打造区域合作共赢、共建共享旅游发展成果的新样板。

二是有利于塑造美丽河北的新亮点。抓住大运河文化带河北段建设的历史机遇，保护好、传承好、利用好大运河沿线区域的历史文化资源，建设运河风情文化旅游区。按照"大旅游、大市场、大协同、大发展"的思路，围绕"千年运河"文化旅游目的地品牌，充分融合不同节点旅游资源，凸显区域特色和整体优势，联手打造美丽河北最具知名度、美誉度和影响力的区域精品旅游线路和产品。

三是有利于构筑传承创新的新高地。大运河承载了中国古代北方平原地区的科学规划思想,是人类智慧的杰出典范。旅游是展现文化传承创新的平台,大运河河北段是世界文化遗产,河工技术巧夺天工,沿线分布有大量全国重点文物保护单位、国家级非物质文化遗产、高品级生态资源等旅游资源。随着全域旅游、大运河文化带建设列入国家战略,大运河河北段沿线以白洋淀红色文化、沧州武术杂技文化、邯郸赵文化等垄断性资源为支撑构建的生态文化旅游廊道必将成为活化历史、传承创新的新高地。

## 二 大运河文化带河北段旅游业发展的现实基础

### (一)河段遗存完整,为旅游业的发展提供了依托基础

大运河河北段始凿于东汉末年,整体保存完好,遗址类型齐全,人工弯道密集,原生态景观风貌样态真实,是中国大运河中河道最为真实、最为完整的河段,是中国大运河遗产原真性的集中体现,具有北方大运河的气势磅礴、险工智慧和近自然特点,融合京津、燕赵、齐鲁、中原等多元文化,风景秀美、景区景点众多。

一是河道遗址完整。大运河河北段历史源远流长,河道、分洪设施、险工、水闸、桥涵、码头及沉船点遗址等遗产丰富,有重要价值的运河本体遗存30处,其中全国重点文物保护单位9处,世

界文化遗产1项3处。二是河道风貌真实完好。完好地保留了运河河道原生态景观风貌，河道样态真实，堤防体系完整，保持了古代漕运时期河道的规模与形态。三是河工技术巧夺天工。东光县连镇谢家坝和景县华家口夯土险工是"糯米砂浆"古法筑造运河大坝技术的典型代表，南运河在平面布局上设计了众多弯道，具有"三弯顶一闸"的功能，至今保留着"九龙十八弯"的原生古河道形态。

**（二）旅游区位突出，资源丰富，为市场提供了坚实的载体基础**

大运河河北段是世界文化遗产，位于京津冀文化生态旅游廊道，沿线分布有大量全国重点文物保护单位、国家级非物质文化遗产、高品级生态资源等旅游资源，是旅游资源线性高度集中的区域。

一是文化遗产资源突出，武术、杂技、曲艺等享誉国际。古城、古镇、码头、仓储、船坞、闸所、墓葬、庙祠、石窟、石刻、茶庄、会馆、寺庙等各类历史文化遗存具有较高的历史、艺术和科学价值。沿线共有全国重点文保单位9处、省级文保单位6处、其他遗存15处。非物质文化遗产独具特色、丰富多样，沿线有国家级非物质文化遗产14项、省级65项，其中，源起或流传于沧州的拳械门派多达53种，占全国武术门派拳种的40.4%，是中华武术拳械门派富集地。吴桥杂技艺人沿大运河走出家乡，北上南下，远涉重洋闯世界，享誉国际。因大运河而生的科学技术、沿河物产、商贸移民、名人轶事、历史故事、文学作品、民风民俗等文化遗产，积淀了开放包容、重德尚义的深厚文化底蕴，形成了独具河北特色的大运河文化。二是多方文化交织融合。大运河河北段地处草原文明和农耕文明的交错地带，京畿文化、燕赵文化、齐鲁文化、中原文化在此融合，形成了北方独特的运河文化。胜芳文化体现津冀文化交融碰撞的火花；清河是水泊梁山故事的发生地，冀鲁文化在此共同绽放；邯郸平调落子体现冀豫文化在此融为一体。三是代表弘扬中国红色文化的精神高地。大运河河北段广泛分布着众多的红色文化资源，记录了中国人民艰苦卓绝的抗战历程。以抗日战争为题材的《白洋淀雁翎队》《小兵张嘎》《新儿女英雄传》《平原枪声》《敌后武工队》等一批经典红色文化影片传播广泛，经久不衰，对铭记光辉历史、传承红色基因、弘扬红色文化具有重要意义。

## （三）互联网技术、科技与文化，将为大运河文化带旅游产品的体验化、互动化赋能增色

随着"旅游+"时代的快速发展，"互联网+"也渗透到了旅游产业的方方面面。"谁掌握了互联网，谁就把握住了时代主动权。"大运河文化带旅游与互联网的深度融合是大势所趋，也为大运河文化和旅游的融合带来了前所未有的发展机遇和广阔空间。信息技术、数字技术、虚拟现实、人工智能等科技的进步为旅游发展插上了腾飞的翅膀，并衍生出微信、微博、短视频App等众多交互媒体平台，也为大运河文化带旅游产品的智慧化发展指明了方向。

## 三　当前存在的问题研判

### （一）旅游资源分布松散，开发低端

大运河河北段沿线整体开发不足，旅游要素设置、游憩道、解说系统、公共服务体系等均处在规划设计和初步建设阶段，两岸乡村旅游开发低端、各自为战。缺乏完整的景观载体，观赏性不强，处于一种"有说头、没看头"的尴尬状态，开发程度普遍不高，文化旅游资源的融合度不深，加之现有景区资金投入不足，规模和档次偏低。

### （二）协同发展体制机制尚未形成

有的地方党委、政府对大运河文化带旅游业建设的重要意义认识还不足，未将旅游业发展摆上应有的位置，协同发展"大旅游"的体制机制尚未形成，影响了大运河文化旅游资源的统一开发和有效整合。大运河的保护与开发涉及多个职能部门，部门管理之间缺少衔接和统筹，仍处于交叉管理、多头介入的状态。大运河流经的不同行政区域在水资源调配、水环境治理、文化遗产保护、生态建设等方面缺少协调合作与利益共享机制。

### （三）文化传承利用质量不高

大运河承载的文化价值和精神内涵仍待进一步挖掘提炼，全面展示大运河文化的基础设施亟待改善，活化利用形式和途径单一，传承载体和传播渠道有限，创造性转化和创新性发展不足，现有旅游产品的文化挖掘深度远远不足，现有文化遗产的旅游功能开发远远不够，难以实现有效传承和利用。

### （四）文化遗产保护形势严峻

大运河文化遗产类型多样，保护要求较一般文物更加复杂。大运河是仍在使用的线性活态文化遗产，碎片化保护的现象仍然存在，活态遗产的保护理念有待更新。部分文化遗存被损毁、侵占，盗挖文物现象时有发生，长效管控机制亟须建立。非物质文化遗产传承式微，一些具有地方特色的民间技艺存在濒危、失传的风险。

### （五）沿线生态环境亟待优化

大运河部分地段长期处于干涸状态，水量不足，航道不通，不能形成完整的大运河旅游线路和产业体系。多年来大运河河北段沿线工业、农业、生活等污水、垃圾流入，导致水质整体较差，部分河段甚至达到劣 V 类水，严重影响河道生态环境及地下水环境。河床存在淤积、耕种、取土等破坏现象，农田、房屋、坟冢侵占河滩、河堤情况较多。绿化空间不足，树种结构单一，绿化景观效果有待进一步提升。

## 四 大运河文化带旅游创新发展的路径和对策

融合荟萃燕赵文化精华，挖掘与保护传承大运河河北段核心价值特色，凸显原生生态景观特点，以文化为灵魂，以塑造"水、林、田、湖、草生命共同体"相得益彰的绿色发展方式和绿色生活方式为着力点，以打造河北省全域旅游发展隆起带和示范区为目标，提升旅游产品有效供给，加快沿线旅游产业转型升级，塑造内容丰富的多彩运河、魅力运河、生态运河、活力运河、智慧运河。

**（一）顶层设计，文化引领，打造特色鲜明的文化旅游目的地**

打造大运河文化带，保护好、利用好、传承好大运河文化，是党中央、国务院的重大决策部署，是河北省各级党委和政府的重大任务。在遵循国家纲要的基础上，要有一个统筹全局的概念性规划，认真梳理运河沿线旅游资源，对全流域文化旅游带建设做出顶层设计，对大运河河北段节点城市提出定位建议，以特色为灵魂，探索出一条适合自己发展的道路。

一是发展思路的创新。以大运河博大精深的历史文化为底蕴，在传统文化中提炼出新文化，促进旅游在价值链、产业链、服务链、体验链等方面的拓展和延伸，推动"旅游+""+旅游"为核心的产业融合创新，处理好遗产传承与创新创造的问题。

二是空间布局的创新。依据大运河北段建设的定位要求，形成"一带、两轴、三区、多节点"的串联京津冀、总览千年燕赵文化的全域旅游新格局。一带指北方运河全域旅游隆起带，两轴指大清河生态文化旅游发展轴和漳卫河（永济渠）名城古镇文化旅游发展轴，三区指白洋淀红色文化旅游聚集区、沧州武术杂技文化旅游聚集区、邯郸中华成语文化旅游聚集区，多节点指依托运河沿岸特色文化资源，着力打造运河沿线 20 县（市、区）和处于大清河、漳卫河发展轴的文安、霸州、临漳、磁县、涉县等县（市、区），打造多个重点支撑项目。要清楚自身的资源底数，立足自身特色，各节点文化旅游项目建设要与上下游、周边文化旅游项目建设统筹考虑，处理好全域统筹与分段建设的问题。要注意有主有次，打造亮点，大运河沿线旅游资源丰富，文化底蕴深厚，但资源小而散的问题也较为突出，要做好整合，有所取舍，并不是每一段都要建博物馆，小的节点用标注即可。要注意错位发展，做好自身产品的深化提升，延长产业链，在线路上形成互补互动，做好错位发展与借势竞争的平衡。

三是坚持文化引领。处理好文化与旅游融合发展的问题、物质文化与非物质文化融合的问题、历史文化与当代文化融合的问题，解放思想，创新理念，古为今用，提升现有旅游产品品质，以文化的差异性引领推动大运河沿线旅游产业错位发展，在做好文化和自然遗产保护的基础上推动旅游资源合理利用，充分展示大运河河北段的河工文化、景观文化、商贸文化、水韵文化、畿辅文化，使各节点呈现不同特色、错位互补、协调联动，满足人民群众对旅游产品多元化的需要。

**（二）立足特色，传承创新，大力实施旅游产业融合创新工程**

整合大运河沿线节点关键资源要素，促进与大运河文化相关联的旅游产品创意设计服务、文化软件服务、文化休闲娱乐服务、文化艺术服务等文化产业与旅游业融合发展，促进"旅游+工业""旅游+体育休闲""旅游+娱乐""旅游+乡村"的"旅游+"

融合创新发展工程，推动打造一批文化产业园区，建设一批休闲街区、特色村镇、旅游度假区等休闲载体和空间，设立一批文化金融服务中心和文化创新创业基地，开发一批文化演艺、实景演出等文化活态产品。

——"文化+旅游"。一是做精文化展示体验载体。围绕运河水工漕运文化、沧州武术、吴桥杂技、古城古镇、名人文化、红色文化等特色文化，构建以文化景区、文化街区、文旅小镇、文创基地、文化公园、主题博物馆、遗址公园、文化旅游综合体等为支撑的文化旅游载体，重点打造沧州运河武术名城、沧县旧城历史文化旅游区、泊头水驿文化旅游区、东光水工文化旅游区、景县董子故里旅游区、吴桥杂技文化旅游区、临漳邺城遗址文化旅游区、大名运河古府旅游区等品牌文化旅游产品。二是推进"非遗"文化旅游产品开发。发扬传承香河安头屯中幡、青县哈哈腔、沧县木板大鼓、沧县舞狮、沧州落子、泊头传统铸造技艺、运河船工号子、馆陶皮影戏、魏县画布染织技艺、大名草编传统手工技等非物质文化遗产，推进文化的深化、活化、泛化，以沧州武术风情休闲街区、泊头工艺铸造小镇、临西县运河陈窑贡砖产业文化园、馆陶黑陶生产性保护基地、魏县花布印染展览馆、魏县郭家坊小镇等为重点，建设一批"非遗"传承基地、"非遗"旅游小镇、文化演艺中心，开发"非遗"展演、"非遗"美食、"非遗"研学旅行、"非遗"文创旅游商品等特色旅游产品。三是做大文化演艺品牌。深入挖掘沧州武术、吴桥杂技、永年太极拳等各地特色文化，打造吴桥国际杂技艺术节、中国功夫影视嘉年华、盘古文化旅游节、永年国际太极拳旅游节等一批经典的旅游演艺产品和文娱活动，推出歌舞剧院、茶座欣赏、实景演出等多种演艺形式。

——"休闲农业+乡村旅游"。选择基础条件好的村镇，通过历史风貌再现、现代高科技与传统文化结合、村庄整治与美丽乡村建设，打造一批集循环农业、创意农业、农事体验于一体的田园综合体。对现存的古村落、古民居、古建筑、古树名木、民俗文化等历史文化遗存进行科学的保护和适当的开发，形成"一村一品""一村一特"乡村发展格局。以运河沿线村镇为重点，深挖当地自然、文化、产业特色，着力发展休闲农业和乡村旅游等新业态，建设一批运河文化特色鲜明、休闲档次高的休闲农业旅游景点，培育一批特色突出、经营规范、安全卫生的休闲农庄（园）和精品民宿，打造一批效益良好的示范品牌。重点推动香河国安运河花海、香河农博园、沧县崔尔庄金丝小枣小镇、文安富祥温泉生态农庄等项目建设。

——"工业+旅游"。充分利用大运河两岸历史遗留的老作坊、旧厂房等工业设施，改造升级发展文化体验、文化创意、科技研发等高附加值产品，推动工业遗存活化利用。积极开发与扶持大运河沿线相关文化旅游工艺品和传统手工技艺，延伸文化旅游产业链，实现文化传承。积极引导在产企业、园区以生产工艺、企业文化、工作生活场景为旅游吸引物发展工业旅游、科普旅游。推动形成工业与生态、文化、旅游等协同发展的新局面。

——"体育（休闲）+旅游"。结合沿岸绿色生态廊道建设，加快体育休闲、体育旅游深度融合，开发徒步、健走、马拉松、骑行、自驾车等产品，发展沿运河体育健康旅游产业。推动汽车自驾营地、运动休闲特色小镇和健身步道建设，深入实施体育旅游示范工程。鼓励大运河沿线城市承办高水平体育赛事活动，办好沧州国际武术节、邯郸国际太极拳运动大会、衡水湖国际马拉松赛，开展运动休闲体育活动和全民健身活动。

——"休闲娱乐+旅游"。丰富大运河船上、水上和岸上休闲娱乐产品与服务，构建"慢游运河"休闲体系，丰富体验功能，注重多样化的主题功能分区。打造高水平、多样化的演艺节目，用艺术手段展现历史运河与当代运河盛景。

——"旅游+研学科普"。以运河沿线丰富的文化遗产、自然生态资源、工农企业、科研机构、大型公共设施等为依托，开发一批以历史追溯、生态教育、科考科普、民俗寻访、文化研修、红色感悟等为主题的研学旅行产品。重点支持白洋淀生态湿地旅游区、沧州运河武术名城、吴桥杂技文化旅游区、景县董子故里旅游区、临漳邺城遗址文化旅游区、永年广府古城等景区及重点旅游县（市、区）申报国家研学旅行示范基地和研学旅行目的地。推进沿线县（市、区）中小学校结合当地实际，将运河沿线研学旅行纳入学校教育教学计划，与综合实践活动课程统筹考虑。

### （三）优化供给，加强互动，高品质打造运河旅游体验

以旅游需求引领产品供给，以优质供给拉动旅游消费需求，全面提高旅游供给和服务质量，是推动河北旅游高质量发展的基本立足点。加快运河沿线旅游公共服务配套工程，构建旅游集散服务体系，为游客提供咨询、投诉、购物、食宿、停车、交通换乘、旅游数据采集分析等综合服务。推进厕所革命，加快风景道绿道建设，加强旅游标识系统的创意开发，打造独具运河风韵的标识系统。打

造"人在船中坐,船在景中行"的水上观光通道,建设几个不同主题的自驾车、旅居车营地,依托高速公路服务区、旅游公路沿途特色村镇、加油站等建设自驾车旅游服务点,服务自驾游市场群体。加强文创商品研发,加强运河文化与当地旅游商品的融合,推动大运河文创特色商品发展,将文化资源转化为经济资源,带动相关产业发展。提升产品服务质量。完善旅游产品和服务标准体系,打造内容经典、效益良好的大运河旅游产品和服务,同步提升与旅游业紧密相关的餐饮、住宿、购物、娱乐等相关业态的服务品质。

当前,随着大众旅游、全域旅游时代的到来,以观光为主要目的的旅游产品正在发生变化,游客更注重旅游产品的参与性、互动性、文化创意性,大运河文化带旅游业的创新发展,必须以游客需求为中心推进旅游供给侧改革。打造创意性的旅游吸引物,创新旅游体验方式,积极借鉴国内外特色旅游产品开发模式,引进高新科技,采用情境体验、游戏玩法、影视场景、个性创意商品、生态建筑景观及丰富演艺让大运河丰富多彩的历史文化资源"活"起来,带给旅游者沉浸式的完美的深度文化体验。

### (四)串珠成线,以点带面,实施运河旅游精品工程

培育打造运河旅游重点项目。按照优化供给、聚集带动、打造精品、培育品牌的要求,改造提升一批既有项目,谋划新增一批辐射范围广、带动性强、品牌效应大的旅游项目。重点推动香河中信国安第一城、文安—胜芳洼淀古韵旅游区、沧州运河武术名城、吴桥杂技文化旅游区、清河运河水镇旅游区、临漳邺城遗址文化旅游区、大名运河古府旅游区等项目建设,推动运河沿线旅游产品提质升级。

构建运河旅游精品线路。包括运河故事特色专题游——廊坊香河京畿辅卫文化主题旅游线路、廊坊大清河水乡特色旅游线路、沧州—邢台运河商贸旅游线路，世界文化遗产研学游——沧州—衡水大国工匠旅游线路，运河古镇记忆传承游——邯郸—邢台历史艺术寻踪旅游线路等。主题线路串联沿线重要遗产，形成相关市县联动合作机制，通过线路连通、主题标识设计、主题系列展示、主题活动组织等多种方式，营造文化主题突出、印象深刻的主题旅游线路，共同构成大运河河北段文化带的特色项目、内容丰富的文化旅游形象。

实施文化旅游示范区建设工程，深入挖掘大运河文化旅游资源，加强整体设计，大手笔规划、高标准建设，鼓励和支持社会资本投资开发大运河文化旅游要素服务系统，积极引入具有大运河文化风情特色的主题酒店、餐饮、民宿、娱乐、体育健身等配套项目，重点打造沧州武术杂技、邯郸名城古镇、雄安新区白洋淀、衡水运河原生景观等旅游示范区。

## （五）生态优先，依水兴游，打造绿色发展理念的生态运河

深化改革，形成绿色发展的长效机制。坚持生态优先，将大运河河道两岸和森林、湖泊、湿地等生态功能重要区域纳入生态保护红线，细化分类分区管控措施，实施严格的生态保护。优化植物配置，做好水生植物、水源湿生植物、岸标陆生植物的协调搭配，以河流道路绿化为骨架，以片林、果园、森林公园及村庄为节点，着力打造"林水相依、绿廊相连、绿块相嵌"的大运河绿色旅游长廊。

绿水青山就是金山银山，要始终贯彻绿色发展理念，一张蓝图绘到底。保护好大运河流经的河道本体以及历史环境，依水兴游，厚植水文化，妥善协调旅游发展和运河文化遗产保护之间的关系，加强运河河道整治和遗产保护，加快岸线生态修复与保护，突出生态系统保护，开展生态环境监测评估。

### （六）科技支撑，智慧管理，让智慧为运河旅游赋能

围绕文化科技应用，鼓励技术创新，加强运河旅游大数据建设，从游客需求出发，注重旅游体验内容创新、体验提升等。在大数据平台的基础上积极加强地方协作，统一数据平台，开展智慧旅游服务与管理；建立运河沿线智能交通、接待设施、服务引导等工具，实现全线科学有效的管理引导与调控；通过数字工具，建立旅游监测预警机制；积极发展数字导览技术，建立智慧导览与智慧旅游项目，探索开展智慧运河构建。

加强运河旅游全程智慧管理。做好景区视频监控系统，旅游从业人员和车辆监控系统、景区电子售检票系统和触摸屏互动终端；做好节点网络建设、旅游业务专网、Wi-Fi 网络建设。实现运河全程智慧导游服务，游客可关注公众号，选取自己喜欢的解说风格，边游览边听运河故事。实现数据采集分析、旅游服务、应急指挥、精准营销等综合智慧旅游功能。为游客提供无线网络覆盖、移动终端服务、旅游信息推送、在线预订服务、二维码识别等个性化、便利化的智慧旅游服务。强化旅游市场管理，创新监管方式，加大执法力度，完善不文明行为记录制度，倡导文明旅游。加强旅游经营活动的事中事后监管，强化导游社会化评价和监督，加快旅游从业

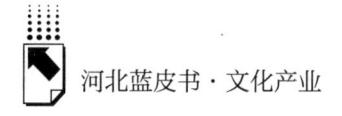

者、经营者和消费者信用体系建设，营造诚实守信的市场环境。建立健全大运河旅游信息发布体系，改进信息发布方式，引导游客理性消费。

**（七）品牌推广，创新营销，打造大运河文化带河北名片**

建立河北大运河文化旅游研究基地，深入开展河北大运河文化旅游研究，组织国内外研究团队和专家，定期召开大运河文化旅游论坛。定期举办运河文化旅游博览会，重点推广大运河文化旅游线路、文化创意产品、传统村镇、特色物产等优质运河沿线资源。

积极融入京杭大运河城市旅游推广联盟，加强与各节点的交流合作，推动在线路设计、联合营销、客源共享等方面开展实质性的合作，联合策划运河旅游节事活动，统筹开展基础和公共服务设施建设，加强旅游媒体资源互换、产品互卖、客源互送，共享运河旅游发展经验，促进河北大运河旅游快速可持续发展。在"千年运河"的统一品牌下，围绕不同特色的河北运河文化主题，培育运河城市旅游、运河旅游产品、运河旅游节庆、运河旅游企业（服务）等子品牌，通过多种营销方式，提升品牌知名度，塑造大运河河北段文化旅游形象。

**（八）夜景规划，水景交融，打造运河万家灯火**

夜游景区正在成为旅游项目的下一个风口，在上海、杭州、深圳、长沙、东莞等夜经济已经相对成熟的城市，夜消费占据了商家业绩的很大比重。梳理大运河的历史文化，挖掘运河故事，打造夜游运河项目，做好运河沿线景观照明的升级。在护坡绿化带呈现四季分明的夜景，桥身和桥孔使用 RGB 投光灯照亮，并实现七彩色的循序变换。利用运河沿岸建筑作为灯光亮化的背景载体，采用高科技、新工艺手段打造运河夜景亮化，注重低碳、绿色、节能和科技创新。河道沿线景观的量化要点线面结合、重点与一般结合，如同乐章一样有起有伏。坐着游船游运河，让游客从更多角度欣赏到运河的璀璨夜色，"坐着游船赏岸上人家，细细听运河故事"。围绕"山、水、城、桥"沿线特色资源，根据不同季节、天气、时段，精心设计夜景灯饰。整体营造山水人文交融、美轮美奂的运河夜色，打造"夜游运河""夜游美食""夜游购物"等夜游品牌。

# B.5
# 文化内涵视域下河北发展特色小镇的路径分析

郭晓杰[*]

**摘　要：** 作为一种新的空间组织模式，特色小镇已在全国得到了普遍推广。其中涌现不少成功小镇，发挥了转型升级和区域带动作用，同时也存在不少问题。因此，如何实现特色小镇的可持续发展是需要深入研究的问题。本文先对特色小镇发展历程做了简要介绍，并就学界对特色小镇的相关研究进行了深入分析。文章将研究的重点放在了河北特色小镇建设上，对河北特色小镇发展过程进行了梳理，并就发展现状及存在的问题进行了剖析，指出河北特色小镇存在文化内涵不够、内生性不足、同质化严重等问题，最后提出了深挖特色、平衡类型结构以及不断推进体制机制创新等政策建议。

**关键词：** 特色小镇　文化内涵　因地制宜

近年来，源起于浙江的特色小镇作为转型升级的新型空间组织

---

[*] 郭晓杰，河北省社会科学院京津冀协同发展研究中心副研究员，研究方向为区域经济、产业经济。

形式在全国得到大力推广。根据知名咨询公司克而瑞大数据跟踪显示，截至 2017 年，全国各类型、各级别的小镇项目总量已经超过 2000 个，其中既包括国家级别的特色小镇，也包括省级特色小镇，还有一些企业主导操作的小镇项目。但是，在这样一番繁荣景象下，特色小镇建设的真实情况却不尽如人意。以旅游类特色小镇为例，在数量众多的特色小镇中文化旅游类小镇占比达 47%，而真正做出特色的小镇凤毛麟角，许多地方打造的文化旅游类特色小镇同质化严重，有些甚至不顾本地实际情况简单照搬省外、国外知名小镇，最终都成为"小吃一条街"。究其根本在于特色小镇在建设过程中只注重形式建设，而不注重内容培育，缺少文化内涵，缺乏"特色"。因此，如何厚植自身文化，打造定位鲜明、辨识度高的特色小镇应是当前亟待研究的问题。

## 一　特色小镇的发展历程

特色小镇的雏形源起于浙江西湖区转塘科技经济园区，为了摆脱传统园区普遍存在的问题，又适值新一代信息技术风起云涌，正谋求转型发展的西湖区政府紧紧抓住这一战略机遇，以转塘科技经济园区为基础挂牌成立了浙江第一个云计算产业园；2013 年，园区又与阿里云达成战略合作，在共同探索以云计算、大数据为科技核心的创新驱动发展之路的过程中日益形成"产业+小镇"的空间集聚新形式。2014 年，时任浙江省省长李强调研这一新形态时，充分肯定了这种转型升级创新模式，提出拟在浙江打造 100 个特色小镇来推动全省经济转型升级的初步构想。[①] 自此，特色小镇上升到地方政府决策层面。特色小镇在浙江开展得有声有色，2016年习近平总书记对浙江特色小镇建设相关报告做了重要批示。2016年7月，住建部、国家发改委、财政部等联合发布《关于开展特色小镇培育工作的通知》，到2020年计划要培育1000个左右各具特色、富有活力的特色小镇，其中涵盖了休闲旅游、商贸物流、现代制造、教育科技、传统文化、美丽宜居等类型，从而希望能够引领带动全国小城镇建设，不断提高建设水平和发展质量；同年10月，国家发改委发布《关于加快美丽特色小（城）镇建设的指导意见》，文件进一步对特色小镇的建设标准提出细化要求，指出要从区位环境、产业集聚、资源禀赋、历史文化等方面入手，加快发展特色优势主导产业。随后住建部公布首批127个特色小镇名单。2017年，住建部公布全国第二批276个特色小镇名单，至此，特色小镇建设进入全面推广阶段，各省市关于特色小镇建设的地方政策密集出台，各类型、各层级的特色小镇如雨后春笋般大量涌现。

但随着全国各地特色小镇建设如火如荼地开展，日益出现一些现象和问题，比如概念不清、定位不准，盲目发展、质量不高，同质化严重、特色不鲜明，重物不重人、搞形象工程，房企过度参与、小镇地产化等。[②] 有些已经偏离了特色小镇建设的最初目的，

---

[①] 《坚持特色发展　构建全新产业生态　打造云上创业创新第一镇》，杭州绩效考评网，http://kpb.hz.gov.cn/showpage.aspx?nid=54890&id=1083。

[②] 《关于特色小镇　国家发改委这样说》，搜狐财经，https://www.sohu.com/a/216779916_365037。

一些地方甚至有运动式建设的苗头。特色小镇作为空间组织形式的新创新，如果推进得当，既能产生新经济动能，又能打造出宜业宜居宜游的新发展空间；如果推进失当，不仅可能造成资源浪费，甚至可能会破坏环境。为此，中央出台一系列政策予以规范纠偏。2017年12月，国家发改委会同国土部、环保部、住建部联合印发实施了《关于规范推进特色小镇和特色小城镇建设的若干意见》；2018年8月30日，国家发改委发布《关于建立特色小镇和特色小城镇高质量发展机制的通知》。

## 二 特色小镇的相关研究

特色小镇源起于浙江，于2016年从国家部委层面开始向全国推广，至今不到三年。由于理论与实践的相伴相生关系，以及理论研究的工作特性，对特色小镇的研究正经历着由表及里、从现象分析到规律总结的过程。因此，现有相关研究可以以时间为轴分为三个阶段。

第一阶段：对特色小镇的浅层解读阶段。2016年之前，确切地说是2015年底之前，特色小镇仅仅是作为区域经济转型升级发展的地方探索，虽然有成功的案例，有一系列出台的省级对应政策，但范围仅限于一省之内。随着地方做法得到中央认可，并以国家意志加以推广，对特色小镇的学术讨论骤然成为热点。笔者以"特色小镇"为搜索主题，层级界定在核心期刊，可以发现2015年关于特色小镇的文章仅有1篇，而一年后的2016年则升为38篇，2017年91篇，截至2018年10月为160篇。在对这些文献内容进行大致梳理后发现，2016年学术界对特色小镇的研究呈现两大特点。一是从研究内容来看，这一阶段学界主要是对浙江特色小镇的正向效应分析和浙江模式的总结，有学者尝试从理论角度为特色小镇这一空间资源新组织形式的出现提供合理性解释，认为产业集群理论从理论规范性和科学性为特色小镇对区域经济的推动作用提供了学术支撑；不少学者从特色小镇对经济转型升级、推动新型城镇化方面的正向作用进行了总结分析，比如马斌利用统计数据分析发现特色小镇有助于产业的转型升级，为产业、城市、文化、旅游各功能融合提供了新的平台，并为新的制度实施提供了试验场；苏斯彬、张旭亮等认为特色小镇作为在有限空间中实现最大集聚、最优发展、最大创新的空间组织形式，离不开"自上而下"的顶层设计与"自下而上"的基层探索的结合。二是一部分学者尝试从规划角度提出特色小镇建设的推广可能性，如对现有特色小镇规划设计特点的分析、对具体特色小镇案例的规划研究等。

  第二阶段：对特色小镇的深入探讨阶段。经过一年多的典型案例学习与推广，特色小镇建设在全国各省份涌起热潮。与此同时，理论界对特色小镇的研究分析也进入更深层次，总体上可以分为两类。第一类是对特色小镇模式的总结以及未来发展方向的探讨，随着各地涌现出大量各种层级的特色小镇，学者们已经有足够的案例数量对特色小镇模式进行总结，比如付晓东、蒋雅伟借用"根植性"这样一个经济社会学概念充分探讨了深度挖掘特色小镇中的"特色"内容对于成功建设小镇的重要作用，并据此对特色小镇的特色形成模式进行了总结，主要包括自然禀赋模式、社会资本模式和市场需求模式。而随着特色小镇在全国的大面积推广，作为先行者的浙江则开始思考特色小镇的未来发展方向。第二类是从各个视角、分类型对特色小镇进行研究，有学者从城市治理角度出发，将特色小镇建设看作不同地方政府间治理协同的过程，鉴于特色小镇建设过程中所需投资巨大，采取何种融资方式和渠道也成为学界关注的热点之一。魏蓉蓉、邹晓勇认为PPP作为特色小镇建设资金来源模式，主要包括运营主体的搭建、PPP管理模式的构建及PPP投资、运营与退出模式的设计三方面内容，并着重介绍了PPP在小镇基础设施建设和支持产业发展两方面的创新性支持。除此之外，随着特色小镇建设在全国范围内风起云涌，对各种具体类型特色小镇的研究也成为这一阶段的重要内容，有学者针对旅游特色小镇发展现状和存在问题的进行分析，并从开发定位、融资模式、旅游产品特色及社区参与等方面指出旅游特色小镇可持续性发展方向。特色小镇作为连接城乡的过渡地带，一方面是城市发展的重要补充，另一方面也是农村城镇化的重要抓手，尤其是对于贫困地区而言，一些学者将欠发达地区与浙江等发达地区进行比较，发现其在地域空间单元、产业演进阶段、城镇化进程、科技创新水平、文化要素融合等方面有很大差距，因此欠发达地区建设特色小镇要结合地区基础，因地制宜，因阶段施策。

第三阶段：对特色小镇的反思阶段。随着特色小镇实践案例增多，以及在建设过程中出现的一些问题，政府和学界都开始对前期特色小镇建设热潮进行反思。冯奎从是否建设小镇、建多长时间、建多少个、怎么建、谁主导等方面对当前特色小镇所处的风向做了肯定性解读，并指出要警惕建设过程中可能出现的风险，比如债务过度、房地产化、能力内存不够、宏观布局过度等。也有学者针对当前特色小镇建设中存在的业态模糊、规划缺乏科学性、项目相对单一、要素得不到保障、创新集聚层次较低等问题，提出要明确政策监管和规划审定、加强资金监管、强化产业融合、提供多元公共服务。十九大报告以及2018年中央一号文件都提出要大力实施"乡村振兴"战略，一时间如何处理特色小镇和"乡村振兴"战略的关系迅速成为2018年的研究热点。从政策层面来看，国家发改委于2018年8月30日发布的《关于建立特色小镇和特色小城镇高质量发展机制的通知》中对特色小镇的定位和所发挥功能做了清晰的描述。作为城市与乡村过渡地带，特色小镇是产业转型升级的重要平台，是乡村振兴的重要推动力量。从理论研究层面来看，一些学者认为特色小镇与美丽乡村应该同步规划建设，进而推进乡村振兴；还有学者认为当前乡村存在诸多问题，比如生活力缺失、资源要素配置不均衡、乡土文化保护传承不足、乡村地区环境污染风险加大，这些问题的改变亟须推进"乡村振兴"战略，而特色小（城）镇建设则可以发挥支撑作用。

## 三 河北省特色小镇发展过程、现状及存在问题

### （一）河北省特色小镇建设发展历程

2016年，河北省委、省政府发布了《关于建设特色小镇的指导意见》，自此特色小镇建设拉开帷幕。截至目前已公布两批82个

省级创建培育特色小镇名单，其中 2018 年 6 月在对前期第一批特色小镇建设情况进行考评，以及对 2018 年新申报的特色小镇进行查验基础上，对入选省级特色小镇名单进行了动态调整。总数没有发生变化，依然保持了 82 个特色小镇，但创建类和培育类各自数量有了调整，从 2017 年创建类 30 个、培育类 52 个，到 2018 年变为创建类 46 个、培育类 36 个，并且每一类都有新进入的小镇和退出的小镇。通过对河北省近两年来先后出台的有关特色小镇方面的政策进行梳理，可以发现政府对特色小镇的认识、定位、发展方向、布局、规划等方面经历了不断深化的过程。值得注意的是河北省对特色小镇的界定一直没有发生变化，即"非镇非区"，一般布局在城镇周边、景区周边、高铁站周边及交通轴沿线，且规划面积控制在 3 平方公里左右，建设用地面积一般控制在 1 平方公里左右。而且两批省级特色小镇名单中都以该界定为标准进行遴选，充分反映了决策层的发展经济思维已发生变化，从过去传统以规模促发展的思路转向坚持以质量效益促发展的现代化发展思维。

## （二）发展现状及存在问题

1. 从分布区域看，石家庄、保定、廊坊的特色小镇发展比较迅猛（见图1）

石家庄作为河北省会有着天然的行政区位优势，同时作为京津冀城市群的重要一极也承担着促进京津冀协同发展的重要使命，因此石家庄入选创建类特色小镇数量经过动态调整之后从 2017 年的 3 个增加至 2018 年的 6 个。保定和廊坊作为承接北京非首都功能转移的重要城市意欲打造一批承接疏解小镇，两年来的发展不仅从数量上有所增加，发展质量也有明显提高，涌现一批明星小镇。比如廊坊香河机器人小镇，2017年还处于培育类小镇行列，一年之后不仅进入创建类小镇，还位列中国特色小镇Top10第一，定位于发展服务机器人和工业机器人产业，涉及全产业链，已成为国内重要的机器人研发生产示范区。①

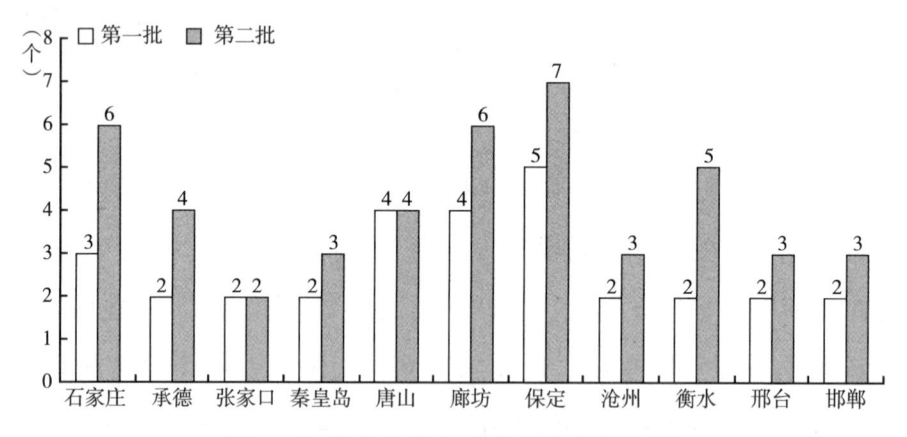

**图1　河北省各市创建类特色小镇数量**

资料来源：第一批名单来自河北省特色小镇规划建设工作联席会议，第二批名单来自《河北省特色小镇创建类和培育类名单（2018）》。

**2. 文化旅游类小镇占比较高，高端特色产业类型小镇初露头角（见图2）**

综观2017、2018年两批创建类特色小镇名单可以发现，旅游类小镇数目较多，在所有特色小镇中占比达到43%，即便是2018年也仅有微弱下降。从全国情况来看也大抵如此，根据克而瑞跟踪千余个特色小镇的大数据来看，② 旅游类小镇最常见，占比

---

① 引自克而瑞《特色小镇白皮书》，搜狐财经，http://www.sohu.com/a/214566573_460363。
② 这其中包括住建部全国特色小镇，国家体育总局、国家林业局等其他部委各自垂直领域小镇，省级行政单位公布的省特色小镇，以及诸多企业主导操作的小镇项目。

达到47%，接近一半的小镇都以文化旅游产业为主，而特色产业只有11%。相比于其他类型特色小镇，短期内旅游类特色小镇的进入门槛较低，出于政绩考虑，地方政府更有意愿开展文化旅游类特色小镇建设及申报工作。但如果从长期区域经济可持续发展的角度来看，培育发展特色产业才是特色小镇建设的长久之计。

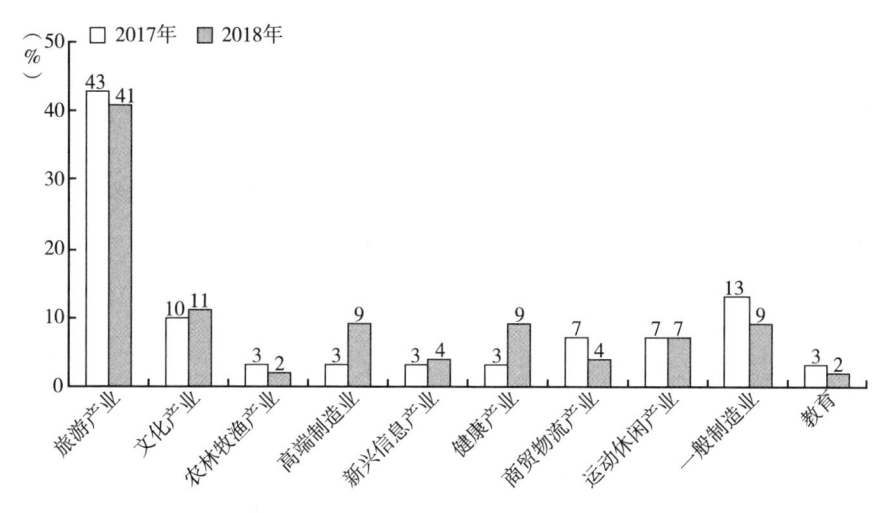

图2 河北省2017年、2018年特色小镇类型结构

资料来源：本图中数据是根据河北省两批特色小镇名单中所示小镇类型自行计算所得，http：//www.hbdrc.gov.cn/web/web/search.xhtml？page＝1&rp＝zo&templare＝search－result&type＝3&search＝特色小镇。

与此同时，数据表明，通过政策调整、引导，一些以高端高新、新兴服务业为特色产业的特色小镇发展在河北省已初露头角。比如高端制造业类型特色小镇占全部特色小镇比例从2017年的3%快速升至2018年的9%，增长了2倍；健康产业类型特色小镇也展现出强劲的发展势头，2017年健康产业类型特色小镇占比约为3%，而2018年第二批特色小镇中健康产业类型特色小镇占比上升为9%。

### 3. 特色小镇建设还处在发展初期

特色小镇作为新兴的空间组织形式正处于勃兴阶段，虽然有一些特色小镇已初见雏形，甚至已经开始发挥引领带动作用，但就大多数小镇而言仍处于在建、签约甚至意向阶段，克而瑞数据库显示这样的小镇达到近80%。河北特色小镇也存在类似的情况。以2018年第二批创建类特色小镇情况调查为例，根据可公开搜集到的资料显示，在全部46个特色小镇中依然处于规划、在建状态的小镇有16个，占全部小镇约1/3；还有些特色小镇已经有一部分开始投入使用，但还没有全部建完，属于"边建边用"状态，这类小镇共有17个，所占比例也超过1/3；剩下的就是已全部投入使用，有些甚至已经开始发挥效用的。这个小镇数量构成与全国的情况比较接近。存在这一现状的主要原因在于相比于浙江先行省份，河北特色小镇建设开始的时间较晚，虽然遴选进入创建类小镇名单的都是有一定产业基础的，但特色小镇的"非镇非区非园"的特征和定位，无法"直接拿来"，需要进行顶层设计、策划、规划。由此可以说明，河北特色小镇要真正充分发挥引领带动作用还有一段路要走。

### 4. 特色小镇类型同质化严重，难以产生集聚效应

成功的特色小镇本质上都具有生态系统属性，即产业体系、文化体系、居住体系相互融合共同构成一个完整的生态系统。这样的系统具有开放性和包容性，具有生命力。但这种生态系统绝非短时间内能够生成，很多小镇比如浙江的云栖小镇、横店影视小镇、河北的周窝音乐小镇都是经历了至少10年的前期积累而形成。目前来看，由于受中央利好政策影响，地方政府有在一定时期内快速创

立一批特色小镇的目标激励。而要想完成这个目标，势必选择门槛较低的类型开展特色小镇建设。相比于其他对产业要求比较高的小镇类型而言，旅游类特色小镇的门槛较低，于是各种农家游、文旅游小镇快速崛起，旅游类特色小镇数量占比高居不下，河北省两批创建类特色小镇中旅游类特色小镇分别占比43%和41%。如果不能深度挖掘特色资源，打造具有唯一性、稀缺性、不可复制性的超级IP，不能做好小镇定位、市场定位，必将导致同质化严重，无法产生集聚效应。

## 四　若干建议

### （一）深度挖掘特色小镇的特色产业和特色资源

特色小镇重在"特色"二字，如果小镇主导产业无法做到行业领先，或者小镇资源不具有唯一性、不可替代性、不可复制性，这样的特色小镇就不具有可持续发展潜力。2018年，河北省出台了《河北省特色小镇规划布局方案》和《河北省特色小镇规划设计编制导则》，前者对特色小镇的发展重点、空间布局进行了规定，后者分别对申报阶段的概念性规划、建设阶段的总体规划和控制性详细规划进行了规定。但不论是方案还是导则，终究只是起到指导作用，具体到每一个特色小镇，则需要根据本地区情况，做出符合本地条件、有利于促进本地发展的特色小镇规划，否则极易成为特色不鲜明或产镇不融合的问题小镇。例如目前2000多家国家级省级特色小镇中有近一半属于文旅小镇，且建设规格均为3A级以上，而我国目前3A级景区大约有3000多家，大多数处于亏损状态，如果这批文旅特色小镇建成，将增加3A级景区约50%的供给，这无疑是一个灾难。因此，不论是已进入省级特色小镇名单的，还是意欲申请特色小镇的都要做好规划，对本地区特色产业进行各种维度的定位，分析产业在行业内所处的位置，细分产业在全产业链中发挥的作用，龙头企业的规模、能级；深度挖掘小镇资源的独特性，做好资源整合，最大限度利用特色资源。

### （二）立足产业定位，平衡特色小镇不同类型结构

特色小镇作为区域经济发展平台的一种新形式，最根本的作用在于如何推进产业转型升级，以产业促发展。作为特色小镇源起者的浙江在最早出台的相关文件中就明确指出特色小镇要聚焦信息经济、高端装备制造等七大产业，兼顾历史经典产业，至今已先后公布了四批共115个特色小镇进入省级特色小镇创建名单，其中高端装备制造、旅游、数字经济三类小镇最多，分别为27个、24个和19个。可以看出浙江特色小镇的类型结构是均衡而又有发展潜力的。河北省对于特色小镇的产业定位也做出了规定，指出要"聚焦特色产业集群和文化旅游、健康养老等现代服务业，兼顾皮衣皮具、红木家具、石雕、剪纸、乐器等历史经典产业"。"规划布局方案"中从空间角度对"五个一批"型小镇的产业定位也做了方向性指示。但目前来看，河北省特色小镇类型构成明显不均衡，旅游类小镇占比近一半，而最能代表未来经济发展潜力的高端装备制造和战略性新兴产业类型的特色小镇占比还是太少。因此，河北省

需要从两方面入手，一方面对于已入省级名单的特色小镇加紧培育、扶持，尤其是高端装备制造业、战略性新兴产业，以及转型升级的传统产业；另一方面鼓励其他具备条件的地区积极申报高端装备制造业、战略性新兴产业类型特色小镇，以提高该类型特色小镇占比，实现小镇类型均衡发展。

### （三）多途径获得持续稳定的资金来源

一个成熟的特色小镇建成需要巨额投资，克而瑞咨询公司曾做过测算，特色小镇平均投资强度约为27亿元/平方公里，按每个小镇规划面积平均3平方公里，一个小镇大约需要总投资80亿元。河北省计划到2022年力争培育创建100个左右特色小镇，则特色小镇总投资额将达到8000亿元，而河北省2017年全部财政收入为5086.9亿元。由此可以判断，仅靠地方财政无法支撑特色小镇的资金投入，即便从中央到地方出台了一系列金融支持政策，也是杯水车薪，尤其是对于那些产业链投资规模大、建设体量庞大的小镇而言。因此，如果金融机构、民营企业等社会资本能广泛参与其中，将大大缓解资金紧张的问题。一般而言，可能采取的措施主要有政府与社会资本合作模式、企业债券、基金。

### （四）不断推进体制机制创新

特色小镇不同于一般的建制镇或园区，更不同于一般地产项目，主要原因在于特色小镇在建设过程中，不仅要融合政府、企业、金融机构、社会组织的需求与智慧，更要融合镇区内居民、外来参与者及当地文化的需求。因此，特色小镇建设就要符合"三生融合"，要符合社会经济、区域、人的和谐发展。这就需要从体制机制上不断创新，尤其是运营体制机制的创新，以及服务的完善。要建立完善的进入退出机制，不论是国家级名单，还是省级名单都是一种激励促进，目的是为了特色小镇可持续发展，因此不搞终身制，要坚持可进可退的原则。要创新资金筹集渠道，尤其是在利益分成机制上有所突破。

**参考文献**

卫龙宝、史新杰：《特色小镇建设与产业转型升级：浙江特色小镇建设的若干思考与建议》，《浙江社会科学》2016年第3期。

马斌：《特色小镇：浙江经济转型升级的大战略》，《浙江社会科学》2016年第3期。

苏斯彬、张旭亮：《浙江特色小镇在新型城镇化中的实践模式探析》，《宏观经济管理》2016年第10期。

赵佩佩、丁元：《浙江省特色小镇创建及其规划设计特点剖析》，《规划管理》2016年第12期。

蒋如愿、孙秀睿、石宇：《山东省平度市特色小镇规划研究》，《规划师》2016年第S2期。

付晓东、蒋雅传：《基于根植性视角的我国特色小镇发展模式探讨》，《中国软科学》2017年第8期。

姚尚建：《城乡一体中的治理合流——基于"特色小镇"的政策议题》，《社会科学研究》2017年第1期。

魏蓉蓉、邹晓勇：《特色小镇发展的PPP创新支持模式研究》，《技术经济与管理研究》2017年第10期。

赵华：《旅游特色小镇创新开发探析》，《经济问题》2017年第12期。

郝华勇：《欠发达地区打造特色小镇的基础差距与现实路径》，《理论月刊》2017年第12期。

冯奎：《特色小镇的风向、风口与风险》，《旅游学刊》2018年第5期。

李昂、郇昌店、杜江：《我国体育特色小镇热的冷思考》，《山东体育学院学报》2018年第4期。

王景新、支晓娟：《中国乡村振兴及其地域空间重构——特色小镇与美丽乡村同建振兴乡村的案例、经验及未来》，《南京农业大学学报》（社会科学版）2018年第2期。

王玉虎、张娟：《乡村振兴战略下的县域城镇化发展再认识》，《城市发展研究》2018年第5期。

# B.6
# 河北省文化产业发展工作的调研与思考

中共河北省委宣传部文化产业专题调研组*

**摘　要：** 本报告通过调查研究，介绍了当前河北省文化产业向上向好的发展情况，分析提出无论是整体规模还是实力、竞争力，都与先进省份存在不小的差距，就思想认识、宏观指导、政策措施和产业发育等方面存在的问题进行了深层次的剖析，并提出了加强组织领导、加强宏观规划、壮大市场主体、推动融合发展、强化政策保障、加强人才培育和加强统计工作等具体的对策建议。

**关键词：** 宏观指导　融合发展　政策保障　人才建设

按照大调研工作安排，我们多方了解中央有关部署要求和外省市先进经验，深入文化企业实地考察，召开企业负责人座谈会，对河北省文化产业转型升级、提质增效、实现高质量发展的对策路径进行了调查研究。

---

\* 调研组组长：张砚平；调研组成员：袁宝东、焦艳波。

## 一 基本情况

近年来，在省委、省政府的领导下，各地各单位日益重视文化产业发展工作，认真贯彻中央有关精神，采取了一系列政策和措施，全省文化产业呈现持续向上向好的发展态势。截至2017年底，全省规模以上文化企业1537家，同比增长16.8%；营业收入1516.6亿元，同比增长14.3%。2017年新增文化市场主体58518家（户），同比增长10.8%。在新三板等平台挂牌上市的文化企业20家。国家级文化产业试验园区1家（曲阳雕塑国家文化产业试验园区），国家级文化产业示范园区创建单位1家（承德"21世纪避暑山庄"文化旅游产业园区），国家级文化产业示范基地12家。

但与先进省份相比，河北省文化产业无论是整体规模还是实力、竞争力，都还有不小差距。从规模以上文化企业数量上看，浙江、山东超过4000家，江苏、广东超过6000家，河南也已达到3200多家，超过河北省1倍。从文化企业规模实力看，浙江有5家全国"文化企业30强"、38家A股上市文化企业、100余家文化企业登陆新三板，而河北省目前只有1家企业入选全国"文化企业30强"，A股上市文化企业仍属空白，在新三板等平台挂牌的20家文化企业中大多是规模较小的民营文化企业。从文化与贸易融合发展方面看，商务部、中宣部等五部委公布的2017~2018年度国家文化出口重点企业和重点项目中，河北省只有河北金音乐器集团1家企业入选，重点项目为零。从文化与科技融合发展方面

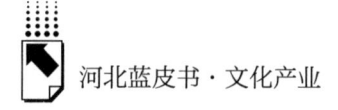

看，2017年省科技厅认定的省级高新技术企业共1613家，其中文化企业仅126家，占比不足8%。

## 二 问题分析

问题和差距的成因主要表现在以下几个方面。

一是思想认识方面。有些部门和地方主要领导对经济形势低谷时期依托文化产业带动全局发展的重要性认识不够，尤其是对大力发展文化产业所带来的新旧动能转换和促进高新技术产业发展的作用认识不足，对于文化产业置换传统重化工业、改善生态环境的重要作用认识不清，出现了推进文化产业的"兼顾思想"，即在重点抓好其他主导产业的前提下，能够顾得上文化产业的情况下就兼顾一下，顾不下就算了，从而导致当地在推进文化产业发展过程中的组织领导方面的"无力"、难以形成合力的"无奈"和推进文化产业的"无为"的发展困境。二是宏观指导方面。顶层设计和整体谋划亟待加强，文化产业发展规划的科学性、前瞻性和指导性还不够强，缺乏大思路、大手笔和大动作。各地各部门工作整合、协调和联动还不够到位，组织领导的体制机制还不够顺畅，宣传、文化部门单打独斗的问题仍不同程度地存在；文化产业发展的软、硬环境都不够优化。三是政策措施方面。不少优惠政策实质上"真金白银"含量较低，且基本上没能落地，部分拥有重要经济职能的垂管部门对政策执行不力。文化产业促进政策的制定也偏于笼统、缺少量化和细化的条款，可操作性大打折扣，且尚未形成完整的文化产业政策体系。政策的告知与宣传效果都不尽如人意，职能部门、审批部门服务也不够到位，绝大多数文化企业并不了解相关优惠政策。四是产业发育方面。市场主体创新意识和能力普遍较弱，文化产品基本处在"河北制造"阶段，离"河北智造"还有很大差距。"大众创业、万众创新"的氛围和成效不够明显，新兴文化业态发展缓慢。文化市场体系不够健全，特别是文化产品电子商务平台、大型文化卖场欠缺。文化产业与科技、金融、旅游、体育、工业、农业等融合的广度和深度都需要进一步加强。

## 三　对策建议

### （一）加强组织领导

1. 召开文化产业发展大会

参考浙江省做法，适时召开由各市、省直有关部门一把手参加的高规格、大规模的会议，专题研究部署文化产业发展相关工作，切实提高各级领导尤其是主要领导的思想认识，真正将文化产业作为支柱性产业来培育，作为转型升级、绿色发展的重要抓手。

2. 加强督导考核

进一步总结延展与各市委常委、宣传部长和分管副市长签署《"十三五"期间文化产业发展工作责任书》的做法，把文化产业发展纳入对各级党委、政府、相关部门及其领导干部的考核体系并增加权重，按照"四个干"抓落实机制，明确工作内容、主要措施、责任人和完成时限。

3. 建立文化产业发展工作大格局

充分发挥各地各级文化体制改革和发展工作领导小组的作

用，定期召开领导小组会议，并统筹宣传、发改、科技、工信、财政、国土、商务、广电、工商、税务、统计、文化和旅游等部门，建立健全协调联动机制，协商解决项目建设、政策落地等具体问题。

### （二）加强宏观规划

1. 做好整体谋划

围绕推进京津冀协同发展和雄安新区规划建设、冬奥会筹办、大运河文化带建设等重大历史机遇，组织各地各有关部门以更加开放的视野和战略思维规划文化产业发展，进一步明确在哪些方面突破、对哪些区域优先等。

2. 明确主攻方向

一方面抓新型文化业态培育，重点推动互联网信息服务（文化部分）、创意广告、专业化设计、增值电信服务（文化部分）、广播电视传输服务、数字动漫和游戏制作、娱乐休闲、文化旅游等新兴产业加快发展。另一方面抓传统文化产业改造提升，重点推动工艺美术品和特色文化产品生产与销售、文化产品版权服务与印刷包装、文化贸易代理与拍卖、文化会展、文化用品和专用设备的制造销售等行业加快提档升级。

### （三）壮大市场主体

1. 加快培育"知名文化企业"

开展河北省"知名文化企业30强"推选活动，既支持骨干文化企业，也培育高成长性创新企业，明确激励政策，加大宣传推介，努力打造一批科技水平高、文化含量高、销售收入高的知名文化企业。

2. 做大做强国有文化企业

大力推动省级国有文化企业建立健全有文化特色的现代企业制度和法人治理结构，重点推动新闻媒体、出版发行、广播、电视、电影及影视节目制作与发行、文艺创作与表演、文化遗产保护开发、文化艺术研究与培训等行业快速发展。

3. 组织开展民营文化企业专项扶持行动

建立健全文化企业发展激励机制，支持规模以下文化企业向规模以上文化企业发展，支持文化个体工商户向法人单位发展，确保"个体转法人、规下升规上"梯次衔接。继续组织开展"十大文化产业项目"评选，培育一批"顶天立地"的骨干文化企业和"铺天盖地"的文化小微企业。

### （四）推动融合发展

1. 抓好"文化+科技"

总结推广保定、石家庄、秦皇岛等地经验，以"政、校、企"合作模式为重点，推进"产、学、研"一体的文化科技合作平台建设新模式，推动各地形成各具特色的文化科技融合发展新模式。加强和改进省级文化科技融合示范企业认定，鼓励文化企业加强核心技术、关键技术攻关，开发一批拥有自主知识产权的产品和品牌，积极争创国家级文化和科技融合示范基地。

2. 抓好"文化+贸易"

建立健全省级重点文化出口企业和项目名录，对文化出口额增长较快的文化企业给予资金支持,鼓励各地争创国家文化出口重点企业、项目和基地,支持河北省文化企业参加境外文化贸易展会,利用好深圳文博会、北京文博会、河北文化周等省内外文化交流平台,办好河北特博会、茶博会等文化活动,搭建名优特文化产品网上平台。

3. 抓好"文化+旅游"

以省市两级旅发大会为主,以文化创意为抓手,着力提升河北旅游的品牌效应,提升改造一批文化旅游项目和产品的策划设计,规划文化旅游精品线路,打造一批高端文化休闲度假体验区,推出一批实景演艺精品,发展一批文化主题公园,培育一批融合型骨干文化企业。

4. 抓好"文化+工业"

支持企业将文化元素融入新技术、新工艺、新装备、新材料的设计应用之中,使文化符号、文化理念、文化创意等向相关产业渗透。学习借鉴北京市保护利用老旧厂房拓展文化空间的做法,研究专项扶持政策,挖掘老旧工业厂房、仓储用房及相关工业设施的文化内涵和再生价值,建设新型城市文化空间。

## (五)强化政策保障

1. 加大现有政策落实力度

对已出台的文化产业规划、意见或优惠政策展开"回头看",认真梳理政策落实情况,督促各地各部门实化细化配套措施和实施细则,确保管用的好政策逐项落实到位。同时,加强文化经济政策的宣传和解读,将文化产业政策措施公示化和办理事项流程手册化，以便增强政策的实施操作性。

2. 深入推进文化领域"放管服"改革

认真贯彻省委、省政府"双创双服"活动总体要求，进一步简化审批程序，降低准入条件，削减和规范文化审批事项，有效激发文化市场活力和社会创造力。同时，借鉴"上海文创50条"等做法，针对制约全省文化产业发展的关键性问题，积极研究制定一些突破性支持政策，提高文化经济政策含金量，促进文化产业加快发展。

3. 深化文化领域投融资改革

借鉴北京等地的做法，适时成立河北省文化产业投资（发展）公司（集团），加快组建河北文化产权交易中心，管好用好省级文化产业引导股权投资基金，明确监管职责，严防金融风险，撬动更多社会资本参与。

### （六）加强人才建设

1. 加强文化经营管理人才培养

做好河北省知名文化企业家推选工作，通过宣传表彰和政策扶持，推出一批在文化产业领域取得显著社会效益和经济效益、在同行业中起到领军作用的优秀文化经营管理人才，培育一批懂经营、会管理、有文化专长的知名文化企业家。

2. 大力提倡和培育创客文化

积极举办河北省文化创意设计大赛，通过竞赛评比，广泛征集原创性设计作品，激励和引导河北省文创企业、设计机构等积极研发推出一批富含河北文化特色的创意产品，发现和扶持一批高端文化创意人才。

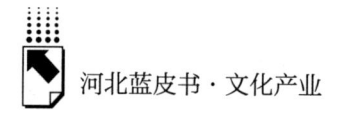

## （七）加强文化统计

对国家统计局发布的《文化及相关产业分类（2018）》进行业务培训，及时更新完善省市县三级文化产业基本单位名录库，建立健全宣传、文化和旅游、统计、工商等相关部门例会制度，加强对规模以上文化企业、接近规模以上标准文化企业、新兴文化产业、中小微文化企业等数据监测，定期发布文化产业发展数据，及时分析研判文化产业发展态势。

# B.7 借鉴先进经验推进河北对外文化贸易工作的对策建议

中共河北省委宣传部文化产业专题调研组*

**摘　要：** 本报告总结了外省市充分依托特色资源、区位优势和产业基础，推进文化对外贸易工作的五大实践经验，分析了河北省文化出口规模小、出口企业弱、出口结构不合理和出口扶持政策有待加强等对外文化贸易发展的现状及与先进地区的差距，并在文化外贸管理、外贸企业认定、文化出口基地建设、海外文化中心建设、文化交流载体、文化外贸环境等方面提出了具体的对策建议。

**关键词：** 先进经验　文化外贸　交流载体　基地建设

近期，我们对标对表国家有关部署要求，学习借鉴外省市经验做法，对全省对外文化贸易工作情况进行了专题调研，立足河北省工作现状和问题，研究提出加强和改进河北省对外文化贸易工作的对策建议。

---

\* 调研组成员：省委宣传部，张砚平、袁宝东、焦艳波；省商务厅，陈彦报、张贺成、于秀敏、赵立伟；省文化厅，李新平、冯彦瑞、魏建业。

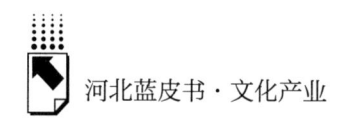

## 一 外省市推进对外文化贸易工作的经验总结

近年来，国家高度重视对外文化贸易工作。2014年国务院印发了《关于加快发展对外文化贸易的意见》，2016年中央全面深化改革领导小组审议通过了《关于进一步加强和改进中华文化走出去工作的指导意见》。中宣部、商务部、文化和旅游部、财政部等部门分工合作、强力推进，积极采取加强财政税收和金融支持、定期发布国家文化出口重点企业和项目目录、开展国家文化出口基地认定、举办深圳文博会、推进海外中国文化中心建设等措施，极大地促进了我国对外文化贸易发展。

在中央的指导引导下，各省、自治区、直辖市充分依托特色资源、区位优势和产业基础，大力推动对外文化贸易加快发展，取得了显著的成效。

一是大力扶持外向型文化企业发展。比如，浙江省对标中央开展了省级重点文化出口企业认定工作，并给予税收减免、资金奖励等政策扶持，培育了浙江出版联合集团、华策影视集团等一批外向型龙头文化企业。浙江出版联合集团在法国、日本、英国、澳大利亚等国设立出版机构，在纽约等地建立海外连锁书店和网上书店，与俄罗斯、非洲等国家和地区的出版社开展广泛合作，每年非汉语地区版权输出200多项，连续多年位列全国出版集团"走出去"第一方阵。

二是立足特色资源打造文化出口品牌。四川省自贡市以彩灯文化为基础，精心打造"自贡灯会"文化品牌，先后在国内500多个大中城市和60多个国家及地区展出，年出口总额达2000多万美元，每年带动上百家企业"走出去"。山东省淄博市博山区依托深厚的陶琉产业，努力叫响"中国北方瓷都""世界琉璃发源地"品牌，2017年陶琉文化产品和服务出口总额10.1亿美元，产品销往世界100多个国家和地区，成为具有较强国际竞争力的陶琉文化产品出口基地。

三是加快培育新型文化业态、扩大文化服务出口规模。各地纷纷抓住"互联网+"战略机遇，大力提升数字文化产业、文化休闲等现代服务贸易在文化贸易中的比例。广东省通过扶持数字出版、动漫游戏、创意设计等产业发展，扶持打造了一批具有国际竞争力的服务型文化企业和品牌（如深圳华强集团自主研发的"环幕4D电影系统"和原创动画电影《熊出没》），仅游戏产业年出口收入就达176亿元，出口到100多个国家和地区。

四是完善对外文化贸易服务平台。除积极争创国家文化出口基地、国家对外文化贸易基地外，不少省市通过完善服务、财政补贴等手段，积极组织文化企业到境外参会参展。2017年浙江省平均每两个月组织一次文化境内外自办和重点会展，参加企业超300家，成交及意向金额超过7亿元。苏州市每年公布《苏州市文化"走出去"境外展会名录》，设立苏州文化"走出去"扶持项目资金，对参展企业和项目给予支持，优化服务，降低企业成本，有效激发文化企业到境外参展的积极性。

五是建立有效的协调联动机制。上海市建立了由市级宣传、商务、文化、新闻出版和浦东新区政府等共同参与的联席会议制度，定期召开联席会议，统一协调推进全省对外文化贸易工作，推动信

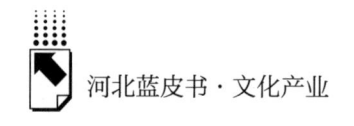

息共享、资源共享、政策共享，并建立上海市文化产品和服务进出口统计报表制度，每年汇编《上海对外文化贸易发展报告》，大大促进了全市对外文化贸易快速发展。

## 二 河北省对外文化贸易发展的现状及与先进地区的差距

近年来，河北省认真落实党中央、国务院决策部署，积极推动文化贸易发展，制定出台了《关于加快发展对外文化贸易的实施意见》，明确了发展目标、工作任务、保障措施等。积极组织骨干企业申报国家级文化出口重点企业、在境外举办"河北文化周""欢乐春节"等活动，取得较好成效。2017年河北省文化产品出口总额为3.68亿美元，同比增长58.06%；文化服务出口总额为765万美元，同比增长3.5%。文化产品出口以乐器、内画、石雕、剪纸、工艺陶瓷、声像制品等工艺品和文化用品为主，服务出口则以杂技、武术、皮影等演艺服务为主。

虽然河北省对外文化贸易规模不断提升，但与先进省市相比，还存在不小差距，表现在以下几个方面。

1. 文化出口规模相对较小，贡献率较低

2017年，河北省文化产品和服务出口额占全省外贸出口总额的比重较低，文化出口贡献率远低于全省文化产业增加值占生产总值的比重。同期北京市、天津市文化出口额远高于河北省文化出口额。值得注意的是，由于河北省文化企业缺乏自主品牌、国际市场开拓不足等，加上对外文化贸易服务和政策尚不完善，不少企业以贴牌代工或借助外省贸易口岸的方式出口产品（此部分统计不到河北省），一定程度上影响了全省文化出口规模。

2. 文化出口企业散、弱、小

商务部、中宣部等五部委公布的2017～2018年度国家文化出口重点企业和重点项目中，河北省只有河北金音乐器集团1家企业入选，重点项目为零。同时，河北省文化企业参与国际市场竞争的意识不强，与外省文化企业大举进军国际市场的态势相差甚远。

3. 文化出口结构不合理

虽然河北省文化产品出口快速发展，但文化服务出口增长缓慢，文化服务出口占文化出口的比例远落后于文化产品出口所占比例。并且文化出口产品以工艺品、乐器、石雕等传统行业为主，影视、戏剧、演艺等鲜有输出，文化专用设备生产滞后，新兴业态发展缓慢，普遍存在创意不足、科技含量低、市场竞争力弱等问题。

4. 政府推动和政策引导有待加强

中央和河北省出台了一系列支持文化贸易的政策文件，普遍存在执行不到位的问题，特别是国务院《关于加快发展对外文化贸易的意见》和省政府《关于加快发展对外文化贸易的实施意见》的贯彻落实机制还不健全，措施还不到位。同时，对外文化贸易公共服务平台建设相对滞后，文化企业出口大多依靠自身力量，只能单打独斗，与浙江、江苏等省份立体化、组团化推动文化企业"走出去"的做法相比，河北省工作推动力度亟须加强。

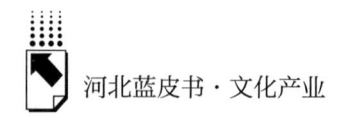

## 三 进一步加快河北省对外文化贸易发展的对策建议

1. 进一步完善省级对外文化贸易联席会议机制

建立健全省级对外文化贸易联席会议制度，定期组织召开省级对外文化贸易联席会议，对全省对外文化贸易发展目标和重点任务进行部署安排，研究和协调解决全省对外文化贸易发展中的政策措施、考核激励机制等重大问题。

2. 开展省级文化出口重点企业和项目认定工作

对标商务部认定国家文化出口重点企业和项目的做法，修改《河北省文化产品和服务出口指导目录》，建立健全《河北省文化出口重点企业目录》和《河北省文化出口重点项目目录》认定发布机制，完善配套奖励办法，支持重点文化出口企业不断做大做强，积极争取河北省更多企业和项目进入国家文化出口重点企业和项目目录。

3. 推动省级文化出口基地建设

对照国家文化出口基地建设标准，研究出台河北省文化出口基地评选、认定、奖励办法，依托省内现有文化产业、文化科技等示范园区（基地），培育和认定一批具有较大出口规模、较好出口潜力的园区（基地），吸引一批高新技术服务和创新型企业入驻。鼓励有条件的市县积极争创国家文化出口基地，打造河北省对外文化贸易"桥头堡"。

### 4. 主动参与国家海外文化中心建设

借鉴文化部与上海市政府合作共建布鲁塞尔中国文化中心、与宁波市政府合作共建索非亚中国文化中心的做法，主动与文化和旅游部对接，积极参与国家海外文化中心建设，打造河北的海外文化交流和贸易的"新窗口"。

### 5. 组团参加专业文化会展活动

按照政府引导、企业主体、项目运作的方式，每年选择一批境外专业化、市场化的文化展会，组织河北省优秀文化企业到境外参会展销，对参展企业的交通费、展位费、住宿费等给予一定补贴，并在信息、运输等方面予以保障服务。同时，拓展提升吴桥国际杂技艺术节、石家庄国际动漫博览交易会、邯郸太极国际交流大会等省内文化节会的国际化水平，增强对外文化贸易促进功能。

### 6. 完善河北省对外文化贸易统计体系

落实国家《对外文化贸易统计体系（2015）》有关要求，整合商务、统计、海关、外汇等部门数据资源，建立健全河北省文化出口重点企业、重点项目目录，改进河北省文化产品进出口统计和文化服务进出口统计工作，加强对外文化贸易发展统计数据监测、分析研判。

### 7. 持续优化对外文化贸易发展环境

贯彻省委、省政府"双创双服"活动要求，进一步简化文化企业出口审批程序，提高对外文化贸易便利化水平。认真梳理国家支持对外文化贸易发展的各项优惠政策，督促各地各部门加强宣传解读，加强会商沟通，实化细化配套措施和实施细

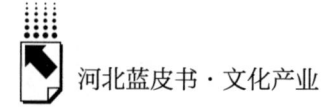

则，确保逐项落实到位。充分发挥省级财政资金的杠杆作用，对文化出口重点企业、项目、园区基地及服务平台等进行专项补贴，支持文化企业开拓国际市场、扩大文化出口、打造特色品牌，鼓励引进国外先进技术设备，引进先进理念和人才，助力文化企业做大做强。

# 区域报告
Regional Reports

## B.8 雄安新区文化改革创新的思考与建议

边继云*

**摘　要：** 当前，开启中国新一轮创新发展和城市营造的新征程，打造"高质量发展的全国样板"是雄安新区被赋予的时代责任和历史使命。而着眼于文化服务体系的全面构建，推动新区文化改革创新和实验发展，拓展全国文化经济增长的新空间，为全国其他地区提供先导性、引领性和示范性的文化发展经验和改革借鉴，则是新区文化建设的核心要义。基于此，本文分析了新区文化创新应

---

\* 边继云，河北省社会科学院京津冀协同发展研究中心研究员，主要研究方向为区域经济、宏观经济、科技创新与政策评估。

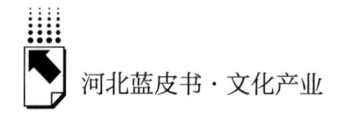

明确核心是政策、体制、机制和模式创新等关键问题，并给出了打造文化改革创新先行先试政策高地、实施平台载体创新和体制机制创新"双轮驱动"等新区文化改革创新的具体建议，以期能对新区文化改革发展和创新推进有所启示。

**关键词：** 雄安新区　文化　改革　创新

# 一　文化改革创新的意义和重要性

## （一）文化的多重属性：服务功能与经济发展的完美结合

文化是重构城市发展模式、激发城市功能活力的重要力量，究其根本，在于文化的多元属性。首先，文化尤其是文化产业具有明显的经济属性，不仅能够通过文化及服务的产出直接创造经济价值，还能够通过赋予其他产业文化内涵，为产业升级提供创意资源与技术条件，增加产业附加值，形成产业发展的"溢出效应"。其次，文化具有重要的社会价值。当前，文化正在以让人意想不到的方式和速度融入普通百姓的生产和生活，尤其是在新媒体大成长、大爆发的今天，文化创意逐渐成为普通民众的生活方式，这将对城市创新能力提升起到强力催化作用，直接或间接重构城市面貌。

## （二）文化的强渗透性：城市升级与文化发展相互依赖

城市发展与文化发展是相互依赖、相互推动的关系。一方面，文化尤其是文化产业本质上属于知识经济，只有创意人才、创意企业等资源的高度聚集才能实现规模化发展。作为人口集聚和资源集聚的典型代表，城市尤其是大型城市成为文化创意产业发展的最佳选择，这也是全球文化中心基本集中在纽约、洛杉矶、东京、首尔等大型城市的原因。另一方面，文化的发展水平是城市竞争力的重要表现。文化尤其是文化产业本身是城市经济体系的重要组成部分，文化产品与服务是城市生活不可缺少的部分，其发展程度既代表了城市发展水平，也代表了城市的包容能力与创新能力，在一定程度上甚至成了城市符号。文化与城市间相互依赖的关系决定了在城市建设中必须协调好城市升级与文化发展的关系。

## 二 雄安新区文化改革创新的核心任务和时代使命

1. 为新区的创新发展铸就精神支撑和价值引领

作为千年大计的变革创新，雄安新区的创新发展与我们过去所熟知的一个区域只有一种或几种理念或模式的创新应用完全不同，它是基于未来城市营造和未来区域发展的事关理念、模式、技术、规范的全面创新与变革引领。要实现此种创新引领，需要深沉持久的精神力量和自信统一的价值取向予以支撑，文化的改革创新必须承担起这一功能。一方面文化改革创新要能够增强新区整体的文化创造活力，为新区创新发展提供新思路、新方法和新路径；另一方面文化改革创新要起到凝神聚力、为新区全面创新改革提供精神支撑和价值引领的功能。

2. 为"现代化经济体系新引擎"的构建提供动能支撑和服务保障

着眼建设北京非首都功能疏解集中承载地，建设现代化经济体系的新引擎，是雄安新区规划建设的主要目标和重要遵循。而现代化经济体系新引擎的构建仅靠承接是不可能完成的，必须回归产业发展的最本质层面来思考，即新动能的产生和创新创意人才的集聚。通过文化的改革创新建设具有竞争优势的文化产业新动能和公共文化服务体系，为现代化经济体系新引擎的构建提供动能支撑，为创新创意人才的集聚提供宜居宜业的综合服务保障，应是新区文化改革创新要完成的核心任务。

3. 为中华民族新文化的实验发展、引领发展提供示范借鉴

作为千年大计、国家大事，雄安新区是现世的又是未来的，思考和解决雄安的问题必须从承载历史、昭示未来的视角，从国家文化使命的视角着眼。通过新区文化的改革创新，将优秀的传统文化、新兴的现代文化以及未来出现的新文化业态进行有机结合，构建形成引领全球的创新文化，并在全球文化发展中推进"中国主场"的形成，向世界贡献一种"文明的典范"或"典范的文明"应是新区文化改革创新不能回避的时代使命。

## 三 雄安新区文化改革创新应明确的关键问题

（一）雄安新区文化改革创新的核心不在于某一具体产业和领域，而在于政策、体制、机制和模式创新

作为以全面创新为发展目标的创新驱动发展引领区，雄安新区

是制度创新的先行先试试验区，承载着党和国家的期望。探索文化发展新体制、新机制、新模式，总结探索具有全国示范意义和推广价值的文化改革创新经验，形成文化改革创新发展的"试验区模式"应是新区文化改革创新的核心要义。在此种情况下，雄安新区文化改革创新的重点和核心不应局限于某一具体产业和领域，而应在政策、体制、机制和模式创新上实现突破，形成可供示范、借鉴、推广的"雄安经验"和"雄安样本"。

**（二）雄安新区文化改革创新的重点不再是系统边界清晰的单体创新，而应是"文化+"战略下的融合创新**

"推动公共文化服务与文化产业融合发展"是新区规划纲要对新区文化发展提出的明确要求，这表明新区的文化创新不能拘泥于传统思维、囿于传统产业界限。必须通过资源要素的挖掘整合和产业业态的深层融合，在更大范围内突破文化创新的系统边界，建立全面创新的社会生态，为新区公共文化服务与文化产业融合发展提供支撑，为全国文化融合战略的实施提供示范。

**（三）雄安新区文化改革创新不是自发展、自循环意义上的内敛式创新，而应是更高水平、更广时空协同包容、合作融通基础上的开放式创新**

作为开放发展先行区，把开放作为高质量发展的必由之路是新区规划纲要对新区建设发展的总体要求。而此种开放并非仅是经济发展上的开放，而应是涉及新区各方面发展理念、发展模式、发展范式的全方位开放，雄安新区的文化改革创新同样要遵循此种要求。在立足河北的基础上，对接京津、协作全国、放眼世界，吸收人类历史上所有先进文化的精华，在更高水平、更广时空上形成文化开放创新的典范应是新区文化改革创新的基本遵循。

**（四）雄安新区文化改革创新应有打造形成全国文化改革创新新地标的自觉**

目前，新区内文化基础设施缺乏，书店、剧场、图书馆、文化馆、博物馆、美术馆等文化休闲场所短缺，和支撑目标相比，现有文化服务体系基本处于空白状态。如何在空白基础上实现对高标准、高品质、高质量的国际一流新区的建设支撑是新区文化建设面临的重大挑战。因此，新区文化的改革创新无疑是一场现代文化服务体系和文化创新发展的构建实验，而通过这场实验打造形成全国文化改革创新的新地标应是构建目的。对此，无论是公共文化服务体系建设还是文化产业发展都必须有此自觉。

## 四 国内先发展地区文化改革创新的经验借鉴

**（一）北京文创试验区——政策、金融、产权、平台"四位一体"，构建全国文化产业创新发展引领模式**

北京文创试验区是全国第一家国家级的文化产业领域改革创新的综合试验区。自成立以来，一直不断地进行创新探索，在政策创新、文化金融结合、知识产权保护、服务平台构建等方面都积累了一定的经验。

政策创新——围绕培育创新型文化企业精准施策。试验区成立以来，为促进文化创新型企业的发展，先后出台了《文化创意企业申请高新技术企业认定指南》和"落实政策十五条"等一系列培育企业发展的政策措施，同时成立了文化产业建设发展引导资金，2017年引导资金支持的项目达到114个，有力促进了文化企业的创新发展。

文化金融——多措创新解决企业融资难题。试验区成立以来，为解决文化企业融资难的问题，设立了全国第一个文化企业信用促进会，并形成了"信用评级、快捷担保、见保即贷、贴息贴保"的工作闭环，截至2017年通过促进会获得融资的企业已达255家，获得的融资金额已达22.8亿元。与此同时，试验区设立了总规模达100亿元的北京市首支区级文创产业发展基金并与之配套设立了"文化科技融合发展""京津冀文化产业协同发展"等5只子基金；建成了北京市首个文化金融服务中心，全方位拓展了文化企业的融资渠道。

知识产权——完善产权保护体系，解决企业创新发展后顾之忧。文化产业的发展创意是关键，为解决文化企业因害怕创意被抄袭而不敢创新的问题，试验区建立了北京市首家文化产业知识产权保护服务分中心，并与国家版权创新基地、中国版权协会、北京文化产权交易中心影视产权交易平台和中国版权协会版权监测中心平台等共同构建了试验区知识产权保护体系框架，为文化企业创新发展提供了有效保障。

服务平台——可持续发展视野下的平台构建。为充分发挥文化产业的示范引领和辐射带动作用，试验区发起成立了全国首个老旧厂房保护利用与城市文化发展联盟，为文化与城市共同发展提供支撑。同时，为促进京津冀三地文化产业的协同发展，试验区与中国文化产业协会合作，搭建了全国首个京津冀文化产业协同发展中心，为京津冀三地文化产业的共同繁荣构建了支撑服务平台。

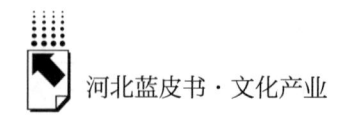

## （二）成渝城市群文化体制改革与文化产业创新试验区——创新发展构想下的不同区域文化协同发展模式的构建

成渝城市群文化体制改革与文化产业创新试验区是四川在成渝城市群发展过程中提出的一种发展构想和发展方向，围绕此种构想也提出了一些改革创新的重点，其中很多观点值得雄安新区借鉴。

文化体制机制创新。围绕推动成渝城市群内部各城市间文化制度协同、发展效率提升、审批制度改革等方面，四川提出成渝城市群文化体制改革与文化产业创新试验区的重中之重是制度创新，通过文化体制机制创新发展推动城市群内部各城市间创新协调，探索出一套专业、高效、简便、规范、开放的现代文化管理体制与运行机制。

文化政策环境创新。四川提出成渝城市群文化体制改革与文化产业创新试验区的建设目的是打造中西部文化经济政策先行区。而要实现此目标，不仅要在落实国家层面各项文化政策上进行先行先试，更重要的是要积极借鉴国内外发达地区文化政策创新实施的先进经验，结合重庆和四川文化产业发展中存在的问题和制约因素，对重庆和四川相关产业政策进行探索式创新和集成式创新，进而优化成渝城市群的文化政策环境，形成政策合力、吸引力和竞争力。

## （三）江苏文化金融合作试验区——文化金融的"南京模式"

早在2015年，江苏省就提出了创建"全国文化金融合作试验区"的目标和工作方案，围绕这一目标，江苏进行了多项金融创新,并形成了驰名省内外的文化金融深度融合的"南京模式"。

文化金融服务中心打响文化金融融合的第一枪。2015年11月,南京文化金融服务中心投入运营,作为全国第一家综合性文化金融服务中心,打响了全国文化金融深度融合的第一枪。服务中心确定了南京银行、交通银行、北京银行、中国银行等各一家支行作为全市首批"文化银行",为文化企业提供融资支持。同时,牵头成立了全国第一家文化小额贷款公司,推动出台了《南京市文化银行贷款风险代偿操作细则》《南京市文创天使跟投资引导资金管理暂行办法》,编印了《南京文化金融合作手册》,为文化企业提供融资服务。此外,为积极破解小微文化企业知识产权质押难题,南京市与北京银行签订文化企业商标质押融资战略合作协议。

版权交易中心、文化创业投资基金为文化企业融资提供保障。为进一步破解文化企业无形资产交易困难的局面,南京市成立了全省第一家省级文化产权交易机构——江苏省文化产权交易所,为文化企业版权交易提供了平台。与此同时,南京市设立了初始规模1亿元的文创科技投资基金,为拥有自主知识产权的文化企业提供资金支持。

## 五 推动雄安新区文化改革创新的建议

**(一)着眼高质量发展的全国样板,打造文化改革创新先行先试政策高地,形成文化改革创新的"雄安样本"**

一是谋划推动设立全国"文化改革综合创新试验区"。将国家文化产业创新试验区、文化金融合作示范区、文化与科技融合示范基地中关于文化贸易、风投奖励、上市融资、孵化创新、高端人才、公共服务平台建设、外资准入、文化保税、知识产权保护服务等的创新型文化发展支持政策进行一揽子落地实践。率先探索形成文化领域创新创业、创新成果转化应用、新兴文化业态培育、文化科技融合发展、文化金融深化合作等领域的综合政策创新体系和先行先试政策高地，为新区文化创新发展提供强大的政策保障。

二是谋划成立雄安文化改革创新领导小组咨询委员会以及具有海内外智力资源整合能力的虚拟型"雄安文化改革创新发展智库"。通过智库复合型知识和多学科理论对新区经济、文化、地理、规划、环境等不同领域进行整合重塑，提炼新区城市文化战略与文化设计，为新区文化改革创新的顺利推进提供理论支撑和战略支持。

**（二）着眼创新发展新引擎的构建，实施平台载体创新和体制机制创新"双轮驱动"，形成文化产业发展的"雄安典范"**

一是创新布局产业发展、要素集聚的支撑平台和发展载体。布局建设一批具有较强外溢效应的综合性、引领性、集聚性公共服务平台，如"国家文化创意产业交易中心"（文创企业股权转让中心）、"文化创意产业创新创业公共服务云平台"等，为新区文化产业新引擎的构建和文化产业的引领发展、示范发展以及文化产业各要素的集聚提供支撑。同时，充分利用新区不同的土地空间资源，布局设立文化创意产业园区、文创小镇、文创街区、文创空间等不同类别的文化产业发展载体，并根据各载体不同性质制定有针对性的支持政策。例如，鼓励有条件的投资机构与新区合作设立"雄安新区股权投资基金"，对进入文创空间的优秀文化企业进行天使投资、创业投资，支持文化企业发展壮大，等等。

二是构建开放式、激励式文化产业发展体制机制。一方面创新准入机制，探索试行更深层次和更大范围的开放式文化市场准入管理模式。例如，联动北京服务业扩大开放综合试点政策，允许外商投资者独资设立演出经纪机构在新区范围内提供服务；借鉴上海市《鼓励跨国公司设立地区总部的规定》，制定具体支持政策，引进更多的文化创意跨国公司地区总部、知名演艺集团和演出经纪机构入驻雄安，推动高层次文化创意元素跨境自由流动。另一方面，创新企业激励机制，为文化企业的集聚发展、创新发展提供示范经验。如试点开展文化创意领域高新技术企业认定，对经认定的文化创意企业，参照上海的做法，按减15%的税率征收企业所得税。

**（三）着眼于古今优秀文化基因的传承和文化发展新地标的构建，创新公共文化服务供给方式，打造公共文化服务的"雄安模式"**

一是探索开展"接天触地"的公共文化基础设施建设运营模式。围绕规划纲要提出的"建设多层次公共文化服务设施、高标准布局建设博物馆、图书馆、美术馆、剧院等，在街道、社区建设综合文化站和文化服务中心"的目标要求,创新公共文化基础设施供给模式,除政府投资、PPP等建设模式外,探索开展"接天触地"的建设运营模式。"接天"即与文化和旅游部联合,推动新区博物馆、图书馆、美术馆、剧院等重大文化设施建设上升到国家层面;同时,谋划推动国家重大文化设施,如国家文化创新研究中心、文化部重点实验室等优先在新区布局建设。"触地"即借鉴上海社区文化活动中心社会化、专业化运营管理的经验,引入社会主体对乡镇、街道、社区的文化站、文化活动中心进行专业化运营,推动公共文化服务与文化产业融合发展,提升基层公共文化服务的针对性和发展活力。

二是率先布局构建互联网文化生态圈,全面打造"数字文化雄安"。一方面结合智慧城市的建设,借鉴"文化上海云"的建设运营经验,推动建设"雄安公共文化服务云系统",率先布局打造基于"文化云""数字场馆""大数据""人工智能"的互联网文化生态圈,提升文化资源配置能级。另一方面,结合"智慧城市"的建设,同步布局推进文化信息资源共享工程、数字文化社区和公共电子阅览室建设工程,全面打造服务便捷、价值广泛的"数字文化雄安"。

**(四)着眼于创新驱动价值取向的引领和塑造,推动文化跨要素、跨平台和跨行业的创新融合,形成文化融合创新的"雄安体系"**

一是谋划推动人才融合,打造融合型人才集聚高地。借力"人才特区"的建设,在人才的引进培养上提前谋划,着重于在创新型、应用型、技能型文化科技复合型人才和文化科技创新团队的引进上进行谋划布局。

二是推进文化与科技融合，打造业态融合创新高地。谋划布局建立文化科技工程技术研究中心、文化科技成果转化平台等文化科技创新综合载体。率先推动5G、万物互联、虚拟现实、人工智能等科技创新新成果、新技术在新区文化服务领域开展实验性应用，将"跨界融合""科技引领""沉浸体验"等未来文化发展的新业态在新区进行创新示范。

三是推动文化与金融融合，构筑文化金融服务高地。借鉴上海的经验，在新区内谋划布局建设文化创意特色支行，成立"雄安新区文创金融服务平台"，针对不同阶段、不同类型文创企业的金融需求，提供包括贷款、担保、创投、保险、融资租赁等于一体的文化金融服务。同时，借助"金融科技实验室"的建设，探索试行"'非遗'+金融+科技+互联网""区块链技术+文化+旅游消费+互联网金融"的文化金融创新模式，构筑文化金融服务高地。

四是推动文化跨区域融合，打造文化区域融合创新示范高地。借力首都非核心功能疏解，探索建立雄安—首都文化发展联动机制，推动雄安与首都联动构建资源有效整合的首都文化大循环圈，在城市高端多样化文化产品和文化服务上，共建共享，呼应互动。

**参考文献**

马健：《设立成渝城市群文化体制改革与文化产业创新试验区的战略构

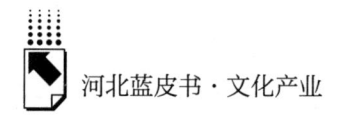

想：问题、定位与任务》，《四川省情》2018年第2期。

付连英：《国家文创实验区成文化建设新名片》，《国际商报》2018年9月18日。

李焱：《"蜂鸟计划"助飞文创企业》，《投资北京》2018年第2期。

《河北雄安新区规划纲要》，https：//baike.baidu.com/item/河北雄安新区规划纲要/22500203？fr=aladdin。

# B.9
# 石家庄市文化产业发展调研报告

中共石家庄市委宣传部

**摘　要：** 本报告分别从战略摆位、政策扶持、分层次培训、创新举措和各级各部门联动五个方面总结了近年来石家庄市文化产业发展的经验，取得了文化产业整体实力显著提升、一批优秀文化企业脱颖而出以及一批大型文化产业项目建成投用的成效，分析了制约石家庄文化产业发展的"三个落后"，即文化发展理念相对落后、支持政策相对落后和发展体制机制相对落后。最后，在优化环境、调整结构、做强园区、培育消费、加大"走出去"力度等方面提出未来推进文化产业高质量发展的对策建议。

**关键词：** 政策扶持　优化环境　宣传推介

为深入贯彻落实习近平新时代中国特色社会主义思想和党的十九大精神，石家庄市以建设文化强市为目标，深化文化体制机制改革，挖掘整合优势文化资源，加大政策支持力度，下大力气培育壮大文化企业，多措并举加快重点文化产业项目建设，文化产业规模化、集约化水平不断提升，推动文化产业加快进入经济建设主战

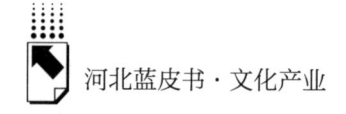

场，在全市转型升级、跨越赶超中起到了有力的带动和支撑作用，为建设现代省会、经济强市做出了重要贡献。

## 一 推动文化产业发展工作的经验做法

1. 加强战略摆位，把文化产业列入"4+4"现代产业格局

为优化产业结构，转变发展方式，转换增长动力，全市做出了加快构建"4+4"现代产业格局的战略部署，文化产业被确立为4个要培育壮大的产业之一，确定了产业发展的重点领域、主要任务，明确产业集聚方向和空间布局框架，提出了支撑产业发展的重大工程和保障措施。市委宣传部根据文化产业的发展基础和实际需要，规划了文化产业"两带两区一中心"的发展布局，即"滹沱河历史文化与文体休闲产业带""西部红色文化与生态旅游产业带""东部民俗文化产业聚集区""南部文创智造产业聚集区""主城区文化创意中心"，要求各个区域因地制宜进行招商引资和项目建设，形成差异化发展新格局。

2. 加大政策扶持，完善文化产业发展的保障机制

石家庄市在全省率先设立了市级文化产业发展引导资金，额度从每年2000万增长到3000万元，以补助、贴息、奖励的方式支持全市文化企业、文化项目，2011年至2018年共安排资金2.3亿元，支持项目260个，极大地调动了文化企业发展积极性，加快了重点项目的建设进度，并以项目申报、验收等为契机，促进文化企业规范运营、发展壮大。在此基础上，为适应新的发展形势，市委宣传部连续牵头制定了《关于推动省会文化产业加快发展的若干意见》

《石家庄市文化建设三年行动计划（2018~2020年）》等专门文件，明确到2020年底文化产业增加值达到450亿元、占全市生产总值比重6%以上的发展目标，完善了加强组织领导、人才保障、发展环境、宣传推介等系列保障机制。其中，明确了要增加市级文化产业发展引导资金的预算额度和支持范围，要求各县（市、区）设立本级文化产业发展引导资金。财政状况较好的桥西区、新华区、裕华区、鹿泉区、藁城区等都设立了一定额度的区级文化产业发展引导资金。

3. 分层次培育，壮大文化企业

围绕培育"两名"和"双创双服"活动，石家庄市大力优化发展环境，为文化企业提供搭建平台、跟踪问效、重点培训、宣传推介等服务。石家庄市在全省率先成立了市级文化产业协会、动漫协会、中华文化促进会，三大协会常年开展交流、培训、政策解读等活动，为文化企业搭建了交流合作平台。市委宣传部定期组织重点文化企业培训班，推荐各类文化企业参加国家部委、国家级协会等组织的投融资、高端管理、战略规划等专题培训班，组织重点文化企业参加深圳文博会、杭州动漫节、北京文博会等重点行业展会，参加河北省国际经济贸易洽谈会、石洽会、进口博览会等综合性展会。对全市文化企业进行分层培育，形成了梯次培育格局。年营业收入亿元以上的为骨干文化企业，定期进行走访或召开座谈会，全面掌握企业经营情况与政策需求，进一步引导企业做大做强，规范财务和信息披露制度，冲击新三板或主板；对于拟升格为规模以上文化企业的法人单位，在建立管理制度、知识产权保护、投融资服务等方面给予重点扶持，帮助企业解决实际问题。2018

年全市规模以上文化企业达338家，同比增长29%，占全省规模以上文化企业数的20%。

4. 创新举措，推进重点文化产业项目建设

以全省评选河北省"十大文化产业项目"为抓手，鼓励支持各地加快谋划建设十亿元至百亿元级大型文化产业项目。创新开展文化产业项目属性和重点文化产业项目认定，成功通过属性和重点项目认定的文化产业项目，可按照石家庄市文化扶持政策，优先申请用地指标和价格优惠。鼓励各地创新和建立文化产业项目招商机制，把文化产业招商引资纳入全市各级各部门招商引资全局，进一步加大文化产业招商力度，对开展文化项目招商任务完成好的项目和单位，优先推荐申报各级财政性扶持资金支持。积极顺应产业融合发展新趋势，引导和推动文化与旅游、文化与科技、文化与体育、文化与工业、文化与农业等融合发展。建立重点项目推进制度，要求各地每年至少建设一个投资1000万元以上的文化产业项目，2016年至2018年确定年度重点文化产业项目117个，总投资达166亿元。

5. 各级各部门联动，凝聚文化产业发展的强大合力

在推进文化产业发展工作中，充分发挥市县两级文化改革发展领导小组体制优势，调动各成员单位的积极性和主动性。如推进重点项目建设，实行领导分包项目责任制，形成了市县领导分包、相关部门指导服务、文产办协调督导的良好机制；文化产业统计，由各级宣传部门牵头抓总，统计部门具体实施，各相关部门配合，做到了应统尽统，科学全面反映产业发展成果。最大限度地凝聚起了工作合力，有力地推动了项目实施和产业发展。

## 二 石家庄市文化产业发展成效

1. 文化产业整体实力显著提升

全市规模以上文化企业从2012年的168家增加到2017年的338家，在统法人单位由2012年的2077家增加到2017年的8511家，并培育了70家骨干文化企业、10家年营业收入10亿元以上的重点文化企业，新三板上市文化企业达到7家；全市文化产业增加值从2012年的156亿元增加到2016年的258亿元，文化产业增加值占全市生产总值比重由2.96%增加到4.68%，年均增速超过15%；曾荣获全省设区市文化振兴一等奖，规模以上企业数、文化产业增加值等稳居全省第一位。

2. 一批优秀文化企业脱颖而出

全市有深度动画、玛雅影视等14家经文化和旅游部等国家部委认定的动漫企业（全省共17家），有百年巧匠、白鹿温泉、精英动漫、众美传媒、东方视野、中扬科技、九易庄宸等7家文化企业在新三板上市（全省共19家），有国家级文化产业示范基地1家、省级18家，省级文化产业示范园区4家。其中，金大陆文化产业集团掌握了古迹复原、互动投影、电子沙盘、幻影成像、环幕系统等高科技展览技术，年营业收入近5亿元，是国内文博展览展示的龙头企业。精英动漫推出了累计播放80亿次的动画片《叶罗丽》，同步推出的衍生产品、动漫舞台剧等年销售收入近1亿元。铸梦动画获得了游族网络、腾讯投资，推出的《墓王之王》全网点播量达30亿次，开国内墓派武侠动画之先河。玛雅影视掌握了

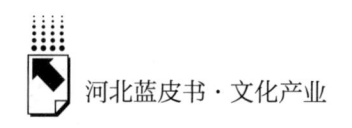

具有自主知识产权的3D转制技术,为《战狼》《狼图腾》《煎饼侠》等20多部影视大作提供了后期制作服务。

3. 一批大型文化产业项目建成投用

在北部,正定古城修复工程再现了千年古郡独特文化魅力,东方文化创意产业基地、正莫雕塑产业集聚区发展态势良好,滹沱河沿岸建成多个融入历史文化的特色主题公园,建成了石家庄国际会展中心、河北省奥体中心等标志性文化设施。西部长青文化旅游度假区、土门关驿道小镇、北国奥莱水世界、红崖谷旅游度假区、漫山花溪谷等渐成规模,成为省会西部文化休闲聚集地。东部在打造宫灯文化小镇、传统紫铜浮雕艺术聚集区、野风艺术聚落的同时,投资150亿元的乐华城国际欢乐度假区已经开工。位于南部的河北传媒学院文化创意产业园入驻企业、工作室20余家,荣获省十大文化产业园区。主城区打造的智行创意公社、国家动漫孵化园、众创梦工厂、博深文创园、各文化娱乐综合体等文创集群,丰富了市民文化生活。

## 三 面临的问题和薄弱环节

石家庄市作为省会城市,文化产业的规模、影响力在全省居首位,但与全国其他省会城市,特别是发达地区省会城市相比,还存在一些差距。一是规模体量小,石家庄文化产业增加值2016年为257.6亿元,同期杭州为2541亿元,长沙为910亿元,南京为630亿元,成都为634亿元,西安为500亿元;增加值占地区生产总值比重,石家庄为4.7%,杭州为23%,长沙为8.7%,南京为6%,

成都为5.2%。二是业态形式低端，石家庄六类核心行业的占比为40%，低于54%的全国平均水平，依托互联网、高科技的创意密集型业态较少，粗放型、劳动密集型业态较多，发展品质不高，缺乏可持续发展后劲。三是缺少知名文化品牌，杭州有宋城、长沙有红太阳、武汉有汉秀、西安有曲江等，石家庄还没有在全国叫得响、有核心竞争力的文化品牌。四是没有龙头文化企业，石家庄还没有进入"全国文化企业30强"的企业，也没有主板上市企业，多数文化企业还处在小作坊、家族式企业的发展阶段。

敢于正视差距，深入分析原因，才能奋起直追，制约石家庄文化产业发展的瓶颈有以下"三个落后"。

1. 文化发展理念相对落后

一些部门或地区对文化的优势和作用研究不够，认识不到位，在谋划和推进工作中过多考虑部门利益，拘泥于部门规章，缺乏主动性、灵活性、创造性，不能为文化企业壮大、文化项目落地提供良好的发展环境。比如，税收政策全国统一，但有些城市提出可以先征后补，石家庄市暂无类似政策；土地供给方面，保证不了大型文化产业项目的用地；文化资源开发方面，"等靠要"思想严重，不会利用现代的营销手段、战略投资者或资本方，从而不能形成从资源到产业的闭环系统，古中山国、正定古城、赵州桥、西柏坡、毗卢寺等都处在相对落后的阶段，没有开发成与其文化价值相匹配的大"IP"，与成都的金沙遗址公园、平遥古城、西安古城、延安、韶山等地还有明显差距。

2. 支持政策相对落后

文化产业在国内起步晚，发展基础薄弱，另外带有意识形态属性，比纯粹的经济类行业要接受更多的政策规制，投入风险要比别的行业大，势必在税收、财政补助方面加以倾斜。同时，文化产业又是大多数城市重点培育和引进的新型产业，优质的文化企业和项目都在寻找政策更优惠的城市，良禽择木而栖，而石家庄的文化产业政策不但与北京、天津没有可比性，与全国同类城市相比，在政策力度、体系性、高端化等方面，都处于较低的水平和落后状态。对有据可查的全国其他17个省会城市设立文化产业专项资金数据看，平均设立额度在5000万元。石家庄资金大部分用于直接补助文化项目、奖励文化企业，支持效率不高，支持模式低端，"四两拨千斤"的引导撬动作用不明显。文化企业更关注的人才引进、技术成果转化、发展咨询、优惠地价、融资租赁、无抵押低息贷款等一揽子政策都只停留在纸面上。缺少像南京的文化金融服务中心、杭州的文创基金、深圳的文化产权交易所这些高层次的支持模式。

3. 发展体制机制相对落后

国内文化产业发展先进城市都把文化产业真正作为国民经济发展的龙头产业来抓，从战略定位、机构设置、资金投入、政策措施、领导力量等方面给予全方位支持。文化产业包括9个大类、43个中类、146个小类，横跨第二、第三产业多个门类，需要发改、科技、商务、工信、文化和旅游、农业等多个部门通力合作。除领导小组外，部门之间的协作机制尚不健全，没有成体系的工作规则与工作程序，各部门的资源没有有效整合，各地各部门之间的联动发展机制没有形成，多单打独斗。从机构和人员上来看，杭州市成立隶属市委宣传部的正处级全额事业单位——杭州市文化创意产业办公室，编制人员为21人，各区也成立了相应机构；昆明市文产办是和文明办一样的架构，副部长兼文产办主任。到各县（市、区）这一层面，石家庄只有正定、平山有专职的文产办主任，其他县（市、区）都是兼职，人员配备严重不足。

## 四 下一步发展的建议对策

紧紧围绕推进"4+4"产业格局发展战略，发挥省会城市在全省文化产业发展中的龙头作用，今后在以下几个方面努力。

1. 转变发展观念，进一步优化政策环境

通过设立文化产业考核指标、召开文化产业发展现场会、加大典型宣传力度等，切实提高各级各部门对文化产业的关注程度，在社会各界形成支持文化产业发展的氛围。进一步加大对文化产业的财政支持力度，自2018年起，市财政在每年3000万元的引导资金基础上，逐年提高资金额度；要求各县（市、区）每年安排不低于600万元的文化产业发展引导资金。参照其他地区经验，探索设立市级文化产业投资基金，或在全市统一设立的股权投资基金中设立文化产业子基金。研究出台文化产业用地、老旧厂房改建文化园区、奖励新增规模以上企业、吸引和利用高端人才等配套政策，吸引社会资本和人才向文化产业流动。

2. 加快调整文化产业结构，培育壮大核心行业

今后要利用本地交通便利、地域广阔、劳动力成本低等优势，通过产业招商、以商招商，吸引一批行业龙头企业和项目落地，拉长产业链条，补齐链条短板，加快发展新型文化业态，提升新闻信

息服务、文化投资运营、内容创作生产等核心行业占比。就地域分布来看，县域面积占石家庄市面积的86%，县域人口占石家庄市总人口的71%，但县域文化产业增加值只占全市的30%，应调动各县加快发展文化产业的积极性和主动性，引导其深度挖掘本地特色资源，引入先进理念和社会资本，努力打造响亮的文化品牌，大幅度提高县域文化产业总量和占比。

3. 加快推进重点文化产业项目和园区建设

实施领导领办制度和项目带动战略，要求各县（市、区）和市直有关部门分管领导牵头谋建、分包项目，落实各项优惠政策，加快石家庄日报社正定新区文创大厦、高新区文化产业大厦、印刷产业园、东方文化创意产业基地、西部长青文化旅游度假区、天山世界之门燕赵文化综合体等一批规模大、效益好、聚集性和示范性强的大型文化创意产业园区和项目建设。

4. 培育市民文化消费理念，壮大文化消费市场

石家庄作为省会城市，人均地区生产总值已经超过6万元，文化市场消费潜力巨大。以创建"全国文化消费试点城市"为契机，扩大"文化惠民卡"发放范围，持续开展"文化消费进社区"等活动，培养文化消费理念，引领文化消费行为；推动各大文化市场转型升级，不断改善居民文化消费环境；每年发布省会文化共享菜单，引导和拉动旅游、影视、图书、书画、娱乐等消费水平，努力打造全省的文化休闲娱乐消费核心区。

5. 加大宣传推介力度，推动文化产业"走出去"

充分利用各类展会加强宣传推介，除河北省特博会、石家庄市动博会外，积极参加深圳文博会、厦门海峡两岸文博会、敦煌丝绸

之路文博会、杭州动漫节等，大力宣传推介石家庄重点文化企业和文化项目；每年邀请和组织国家、省主流媒体及新媒体对石家庄文化建设的亮点和成效进行多轮集中报道和宣传推介；积极开展对外文化交流招商，结合京津冀一体化和省、市相关部门组织的涉外活动，探索搭建国际文化交流贸易合作平台，组织石家庄文化贸易企业参加德国科隆国际游戏展、意大利米兰国际手工艺品展等国际专业展会，择机在拉美和"一带一路"沿线国家开展"石家庄国际文化贸易周"活动，推动石家庄文化精品和文化产品服务"走出去"，促进对外文化出口和文化传播，扩大石家庄文化品牌的市场竞争力和国际影响力。

# B.10 邯郸市推动文化产业高质量发展调研报告

中共邯郸市委宣传部*

**摘　要：** 邯郸位于晋冀鲁豫四省要冲和中原经济区腹心，是四省交界区唯一的特大城市。本报告首先从营商环境、推进机制、融合发展、培育消费市场的角度分析了邯郸市将文化产业摆上重要位置，抓住重点环节，推动全市文化产业不断实现跨越提升的经验作法。其次，对标先进地区，对照总体目标，剖析文化产业较为突出的矛盾和问题主要是文化资源转化率较低、文化要素市场不够完备和文化品牌不够响亮。最后，在做好规划、做大市场主体、推进供给侧改革和壮大消费市场方面提出了具体的对策建议。

**关键词：** 营商环境　推进机制　顶层设计

近年来，邯郸市委、市政府深入贯彻落实中央和省委关于推动

---

\* 本报告执笔为中共邯郸市委宣传部李海祥、张宗强、窦艺鑫。

文化产业发展的一系列部署和要求，始终坚持把发展文化产业作为转型升级、绿色崛起的重要"突破口"，紧紧围绕将文化产业培育成支柱性产业的总目标，按照"创新驱动、创意支撑、科技引领、打造品牌"的总体思路，在做优发展环境上用真功，在完善推进机制上出实招，在创新工作举措上求突破，在推动融合发展上聚合力，全市文化产业始终保持较好的发展态势，近几年全市文化产业增加值占生产总值的比重始终在20%以上。

# 一 摆上重要位置，抓住重点环节，推动全市文化产业发展不断实现跨越提升

市委、市政府高度重视文化产业发展工作。市委九届二次全会强调要着力建设文化体育强市，加快推进文化体育繁荣兴盛；《邯郸市国民经济和社会发展第十三个五年规划纲要》明确提出，到2020年，文化产业要发展成为国民经济支柱性产业；全市宣传思想工作会要求紧紧抓住项目和人才两个关键，加大文化项目推动力度，给平台、给政策、给支持，不断推动邯郸文化产业发展壮大。市委常委会多次专题研究部署文化改革发展工作，市主要领导多次到一线调研指导重大文化产业项目建设和重点文化企业发展，协调解决主要困难和问题，为全市文化产业快速发展发挥了"定海神针"的作用。

（一）抓住营商环境这一基础性环节，广泛吸纳优质发展要素集聚入驻

优化政策环境，是推动文化产业高质量发展的根本性环节和重

要保障。市委、市政府始终坚持把营造良好的发展环境作为重要抓手，本着人无我有、人有我优的原则，大胆创新，勇于突破，先后出台了《关于深化文化改革发展加快建设文化强市的实施意见》《关于加快文化产业发展的若干政策意见》《关于落实文化经济政策的若干措施》等文件，对全市文化产业高质量发展发挥了助推器、加油站作用，吸引了华强集团、中文在线等多个全国知名文化品牌企业入驻；引进了华房国际投资联盟、太平洋建设集团等一批企业投资邯郸文化产业项目。同时，加速了本市企业转型，武安市申氏投资有限公司、河北东山钢铁有限公司、磁县申家庄煤矿等一大批钢铁、煤炭、建材等企业成功转型投资开发建设文化产业项目。

1. 坚持问题导向，精准对接发展需求

围绕文化企业需要什么、怎样发展壮大等关键问题，市委、市政府组织开展了经常性、普遍性专题摸底调研，就项目、资金、人才、技术等要素引进和文化企业发展壮大的制约因素，深入县（市、区）、文化产业项目建设现场和文化企业面对面交流、点对点沟通，了解他们对扶持政策方面的需求，摸清制约文化产业发展的症结所在。同时，结合调研摸底情况，先后组织召开了座谈会、研讨会、会诊会等多轮次会议，对每个问题进行深入分析研究，挖掘深层次根源，结合现有政策，研究破解对策。例如，针对招商难、难招商问题，提出了引进国内外知名文化企业总部、地区总部入驻和具有战略性、引领性、先导性的文化产业项目，采取"点对点招商"和"一企一策、一事一议"的政策扶持，形成了文化产业招商的政策"洼地"，并成功引进了中文在线数字出版集团文化中国业务北方总部入驻。

2. 坚持从实际出发，注重实在管用

在研究制定政策文件时，不搞假大空，不求面面俱到，而是坚持一切从实际出发，立足文化企业实际需求、市场主体扩量增效和文化产业长远发展等重要环节，做到重实效、可操作、能落实。例如，一些中小微企业反映，人才是制约企业发展的关键因素，市委宣传部提出建立校文企联盟和建立文化产业人才发现培养机制，研究制定文化名家、文化产业人才引进实施办法，由宣传、人社部门牵头举办文化产业人才招聘会等具体措施，为文化企业和各类求职人员搭建双向交流平台。

3. 明确工作责任，推动政策落实

政策文件印发后，能否落实、落实到什么程度、发挥怎样的作用成为重点和关键。注重加强政策宣传，通过各类传统媒体进行重点解读，同时，开展了文化经济政策进文化企业、进文化产业项目现场、进相关职能部门等活动，让文化企业详细了解可以享受哪些政策、怎样申请享受政策，使有关部门掌握政策要求，增强服务文化企业和文化项目，推动文化经济政策落地的责任担当。据统计，近年来市财政每年设立2000万元的市级文化产业发展引导资金，先后引进外来资金近800亿元建设重大文化产业项目，吸引50余家本地重工业企业转型，100多亿元转投文化产业领域。

**（二）抓住推进机制这一根本性环节，扎实推动文化产业发展工作高效落实**

文化产业发展是一个系统工程，既涉及政府相关职能部门，又涉及各县（市、区）；既要发挥文化企业的主体作用，又要充分调动社会各界的力量关注关心并支持参与文化产业发展工作。坚持把年度发展任务量化为具体指标，明确各级各部门的责任，推动各项工作落地落实。

1. 目标化推动落实

邯郸市政府印发了《2018年邯郸市文化产业发展任务目标及责任分工方案》，在新增文化法人单位数量、新增规上文化企业数量和重点推进的文化产业项目等方面，对县（市、区）提出了指标化的要求。在重大文化产业项目招商、加快文化产业园区建设、落实文化经济政策等方面，对市直相关职能部门的任务指标进行了细化、量化。同时，明确提出各地各部门"一把手"为第一责任人，承担任务落实的主体责任，并确立了"一项指标、一名领导、一套班子、一抓到底"的推进机制。

2. 台账式强化管理

对各地各部门承担的年度任务，建立了工作台账，明确了时间节点、进度安排、推进措施，做到了有任务、有目标、有措施、有步骤。各地各部门按照承担的任务倒排工期、挂图作战，推动各项工作落实。市文化体制改革和文化产业发展工作领导小组办公室每月进行一次督导，并对工作进展情况进行通报，交流工作经验、分析重点问题、鞭策落后单位。截至目前，全市新增文化产业法人单位462家，新增规模以上文化企业18家，赵王印象城、串城街南片及周边提升改造、环球中心文化创意产业城等2018年重点推进项目取得突破性进展。

3. 创新性力求突破

坚持以新的理念破题、以新的方法开拓、以新的举措催化，推动各项工作不断取得新进展。例如，针对具有示范性、带动性大型文化企业较为缺乏的实际，突破传统思维，协调美食林集团、阳光集团两大百货企业，整合所属文化产业领域的经营业务，组建大型民营文化法人单位，培育文化产业发展的领军企业。目前，两个集团分别拟定了初步整合方案。又如，为强力推进重点文化产业项目建设，参照发改部门做法，每年筛选确定并发布全市年度重点文化产业项目，并对公布的年度重点文化产业项目，在用地指标、资金扶持、人力保障等方面予以倾斜。

**（三）抓住融合发展这一关键性环节，深入实施"文化＋"发展战略**

文化与其他产业深度融合发展，是文化产业发展的重要方向，也是推动文化产业高质量发展的重要路径。邯郸市坚持"文化＋"战略思维，大力培育新兴业态，不断优化产业结构。

1.坚持"文化＋科技"，文化产品及服务科技含量不断提升

坚持把科技作为提升文化产品及服务核心竞争力的关键因素，精心培育科技型文化企业，大力推进科技含量高的文化产业项目建设，积极推进传统产业升级改造。目前，全市文化科技型企业数量占全市文化企业总数的15%，其中，规上文化科技企业45家，占全市规上文化企业的29%；中华成语文化博览园、磁县智能电视生产、曲周智能机器人制造等18个投资上亿元的文化科技项目建设进展顺利；峰峰矿区大家陶艺公司磁州窑制作生产、馆陶县陶漆工艺厂黑陶制作生产等30多家传统文化企业都进行了生产技术改造升级，有效提升了生产效益和产品质量。

## 2. 坚持"文化+创意",文化创意产业正在成为全市文化产业的主导行业

注重创意平台建设,搭建了DCT创客空间、中小企业加速器、才智港、邯郸创业街、大学生创业园、文化创意园、科技孵化园等平台,聚集了多家众创空间、云众空间等公司,成为文化产业新兴业态的聚集地。注重文创企业培育,涌现了回车巷、雅图、竹韵等一大批文化创意企业。注重文化创意产品开发,举办了邯风郸韵文化创意设计大赛,共征集有效参赛作品1062件,极大地提升了文化企业注重创意开发的积极性。

## 3. 坚持"文化+旅游",文化旅游消费始终保持快速增长

把邯郸特色的文化元素融入景区建设,赋予景区灵魂,增强景区品位。依托文化建景区,就势而为、顺势发展了娲皇宫景区、广府古城景区2个国家5A级景区。植入文化添活力,景区与文化产品生产企业合作,将具有邯郸特色的文化创意产品作为旅游纪念品,增添了景区的活力与魅力。借助文化聚人气,各景区注重通过举办各种、各类文化节庆活动聚集人气、吸引游客,特别是连续举办了三届旅发大会,形成了文化旅游的强大声势和消费热潮。2017年,全市共接待游客5859.8万人次,旅游总收入为638.54亿元,同比分别增长23.63%、30.42%。

## 4. 坚持"文化+美丽乡村",特色小镇呈现集群式发展态势

按照习近平总书记提出的"望得见山、看得见水、记得住乡愁"的总体要求,依托传统技艺,坚持"一村一品",规划建设了红色小镇、粮画小镇、土纺布特色村、王边溪谷等一大批特色文化小镇,使全市的乡村游风生水起。目前邯郸市已建成98个省级美

丽乡村，数量居全省第一位。馆陶县粮画小镇被全国工商联民间文物艺术品商会授予"中国粮食画研究会"，并入选中国十大最美乡村。

**（四）抓住消费市场这一突破性环节，大力培养城乡居民的文化消费习惯**

文化消费是文化产业高质量发展的原动力。邯郸市坚持以供给侧改革为核心，大力实施文化消费工程。

1. 以品牌活动扩大邯郸文化的影响力

连续举办了多届次《中国成语大会》、中国邯郸国际太极拳运动大会、中原民间艺术节等在国内外具有广泛影响力的品牌文化活动，在提升邯郸特色文化知名度和影响力的同时，也掀起了相关文化产品购买消费的热潮。

2. 以文化惠民促进文化消费的吸引力

通过政府主导与市场运作相结合的方式，整合全市网吧、KTV、电影、演出、文化艺术培训、文化产业园区等资源，通过免费票、特惠票、打折票等形式，连续五年举办了"阳光娱乐"系列活动，使文化娱乐场所成为健康阳光、服务规范、业态丰富、受众多样的文化消费主阵地。同时，在大剧院、工人剧院、幸福小剧场等演出场所，开展经常性文化惠民演出，优惠的票价让更多的老百姓走进剧场欣赏优质文艺演出，场均上座率95%以上。

3. 以搭建平台增强文化消费的传播力

开办了邯郸市"文化大集"，选择部分县（市、区）和文化旅游景区，聚集全市的特色文化产业进行交流交易，同时举办"非遗"项目展示、戏曲剧目展演等活动，为城乡居民提供优质文化产品和文化服务。在赵王印象城举办的邯郸秋季文化大集暨非物质文化遗产展示活动，以丰富的文化活动、精彩的演艺节目，呈现了一场惠泽百姓的文化盛宴，共接待游客140万人次。

## 二 对标先进地区，对照总体目标，全市文化产业仍然存在较为突出的矛盾和问题

邯郸文化产业发展取得了新的进展和成效，具有明显的优势和特点，但同时也存在突出的问题和短板。一是文化资源转化率较低。邯郸是文化资源大市，可开发利用的文化资源十分丰富，近几年也做了大量工作。但是，许多资源还没有得到有效开发利用，部分开发利用的资源也是零散的、不够系统，还没有形成规模、产生品牌效应。二是文化要素市场不够完备。当前，文化资产评估、产权交易等体系还没有建立，连锁经营、物流配送、电子商务等现代流通组织还没有形成规模，文化经纪、代理、评估、咨询等中介机构还是空白，文化资本、人才、信息、技术等交易市场尚未成型，在一定程度上制约了文化企业贷款融资、技术革新、信息发布等方面的发展。三是文化品牌不够响亮。近几年致力于打造文化品牌，成语典故、广府太极等文化品牌在国内外具有了一定知名度，但是，一方面这些品牌还需要进一步凝练和弘扬，形成真正可以代表邯郸形象、在全国范围内"耳熟能详"的知名品牌；另一方面这些品牌的价值和辐射带动作用还没有充分发挥出来，现有品牌基本都还处于"可听"阶段，尚没有相关的拳头产品和骨干企业，可看、可用、可玩、可乐的载体还没有形成规模和声势。四是文化企

业市场竞争力不够强。文化企业总体上规模较小，生产工艺、文化产品科技含量不够高，多是手工艺流程制作，生产周期长，人力成本高，产品价格没有优势；文化产品多是传统的、民间的，受众范围较小，文化产品结构性过剩与有效供给不足的现象比较突出；产品交易形式单一，主要靠零售、订单，缺乏个性化服务方式。

## 三 加强顶层设计，强化责任担当，全力推动文化产业高质量发展

### （一）进一步做好总体规划

依托资源谋篇布局，借助骨干文化企业资源、联合国内知名文化产业研究机构和专家，研究制定布局合理、优势明显、特色突出、各大门类协调发展的总体规划。深入挖掘以赵文化、成语文化为代表的邯郸特色文化新内涵，凝练邯郸"城市IP"并综合运用新媒体手段进行传播，以其为纽带整合文创企业资源，推动文化创意和设计服务业规模化发展，不断增强文化产业发展的核心竞争力。

### （二）进一步做大市场主体

以资本为纽带，引导民营文化企业兼并重组，成立民营文化集团公司，与国有文化集团公司形成推动文化产业跨越提升的"两驾马车"。同时，大力培育上市文化企业，对有条件、有潜力、有前景的文化企业，加大政策扶持力度，加快上市步伐，通过上市，

提升文化企业的生产规模和经济效益，扩大文化企业在国内外的影响力和知名度。

### （三）进一步推进供给侧改革

当前，文化产品结构性过剩和有效供给不足的矛盾较为突出。一方面，难以满足人们消费需求的文化产品大量充斥市场，而真正合乎需求的文化产品却又明显不足；另一方面，部分国内的文化产品并未得到国人认可，甚至"差评满天飞"，而大量国外的文化产品却受到国人的热情追捧，好评如潮。着眼于解决这一矛盾，探索建立文化消费市场调研评估机制，适时了解并发布市场需求，引导文化企业牢固树立以人民为中心的文化发展理念，自觉抛弃低端、不合乎人民群众口味的文化产品供给，避免盲目生产。同时，鼓励文化企业创新发展，在内容、形式、方式、方法、载体、平台等方面全面推进创新，生产健康向上、市场需求、群众满意的文化产品和服务。

### （四）进一步壮大文化消费市场

文化消费作为文化产业链上的终端环节，有文化消费才会有文化产业发展的动力与空间，因此如何刺激文化消费需求就显得尤为重要。一方面，要继续培育居民文化消费习惯，进一步深化拓展"阳光娱乐"系列活动，在内容设置、参与形式等方面不断创新和拓展，让城乡居民更方便、更乐于参与其中；另一方面，借鉴上海等国内文化发达城市的经验和做法，探索"公共文化服务云"等互联网服务模式，为居民提供更加便捷、优质、丰富多彩的文化产品和服务。

# B.11 张家口市文化产业发展报告

张家口市社科联

**摘　要：** 本报告立足于张家口文化产业资源丰富、政策支持力度较大和产业发展速度较快的发展现状，从产业规模和质量、产业业态与结构、产业空间与运营及产业政策与机制四方面分析了张家口文化产业发展存在的问题，提出创新、特色、融合、协同和人本等未来发展理念，确立了文化产业在张家口经济发展中的重要支柱地位，并从产业体系构建、产业创新生态、产业融合战略、文化资源开发、激发主体活力、出台扶持政策等方面提出相关对策建议。

**关键词：** 政策环境　人本发展　创新生态　激活主体

张家口市历史悠久，底蕴深厚，人文荟萃，资源丰富。近年来，全市抓住新机遇，承担新使命，深入挖掘丰富的文化资源和深厚的文化底蕴，积极探索文化特色发展之路，大力发展文化产业，以文化自信不断擦亮文化品牌，让古老而年轻的张垣焕发出新的文化光彩。

# 一 张家口文化产业发展现状与问题分析

## （一）发展现状

**1. 文化产业资源丰富，经济开发潜力较大**

张家口市历来是农耕文化和游牧文化的交汇之地，文化资源丰富、积淀深厚、特色鲜明。泥河湾文化、三祖文化、长城文化、草原文化、古堡文化、年俗文化、商路文化异彩纷呈，多元文化特征明显，许多具有全国乃至世界的唯一性。全市列入省级以上非物质遗产名录的有42项，其中"蔚县剪纸"被列入联合国教科文组织人类非物质文化遗产代表作，二人台、晋剧、蔚县秧歌、拜山灯等5项民俗民艺被列入国家级非物质文化遗产，非物质文化遗产涉及戏曲、曲艺、民间手工艺、民间音乐、民间舞蹈等10多个门类。这些文化资源具有现代产业深度开发价值。从自然资源看，张家口地形地貌丰富，既有平原，又有草原，还有连绵雪峰，太行山、燕山、阴山在这里交汇，四季分明，"春有百花秋有月，夏有凉风冬有雪"。降水量有南北之分，又有东西之别，生态植被差异性大，从一县到另一县，能够达到物换星移的效果。自然生态优良，空气质量好，绿化率在华北平原数一数二，是邻近北京的风水宝地，丰富的草原、冰雪、森林、湿地等支撑性资源为发展文化产业打下良好的基础。

**2. 重视文化产业发展，出台较多支持政策**

政策环境是产业发展的关键，张家口市委、市政府抢抓机遇，重视推进文化产业发展。2009年，国家《文化产业振兴规划》颁布，标志着我国文化产业真正上升到国家的战略性产业层面。张家口深入贯彻落实国家和河北省关于文化产业发展的政策精神，立足于张家口文化产业发展的实际制定文化产业政策，从财政政策、税收政策、金融政策、科技创新与文化产业融合政策、土地政策、人才政策等方面构建了张家口的文化产业政策体系，促进文化产业发展。"十三五"以来，又制定了《张家口市"十三五"时期文化产业发展规划纲要》《张家口市文化产业提升规划（2016~2025）》等4个文件，明确未来文化产业发展方向。2012年起，市级财政每年设立5000万元文化旅游专项资金、市级文化产业发展引导资金1000万元、非物质文化遗产创作资金500万元。自2016年起，市级文化产业发展引导资金增加至2000万元。

3. 产业发展速度较快，对经济社会贡献日益提高

2015年张家口全市文化产业增加值为39.5亿元，占全市生产总值的比重为2.88%。2016年文化产业增加值为44.87亿元，为14.0%，是当年张家口生产总值增速的2倍，也高于当年第三产业增速近3个百分点，比全国文化产业增速高1个百分点。2016年全市文化产业增加值占生产总值的比重为3.06%。张北中都草原文化聚集区（2次）、涿鹿中华三祖文化产业园、蔚县剪纸文化产业聚集区先后获评省"十大文化产业集聚区"，蔚县（2次）、张北县（2次）、涿鹿县先后获评省文化产业"十强县"。2016年，全市规模以上文化企业数量达66家，资产总额为44.28亿元（见表1），进一步提升了文化产业对全市经济社会发展的贡献率。

表1　2016年度张家口市规上文化产业企业单位主要数据

| 年度 | 法人单位数(个) | 从业人员期末人数(人) | 营业收入(亿元) | 主营业务收入(亿元) | 营业税金及附加(亿元) | 主营业务税金及附加(亿元) | 资产总计(亿元) |
|---|---|---|---|---|---|---|---|
| 2016 | 66 | 9029 | 20.09 | 19.85 | 0.17 | 0.17 | 44.28 |

资料来源：张家口市统计局。

4. 文化产业呈现一定特点，特色文化产业发展较好

张家口文化产业以"文化+旅游"为龙头，带动经济社会发展，文化产业呈现一定特色。在京张携手筹办2022年冬奥会的大背景下，全市以创建全国全域旅游示范区为引领，以筹办和举办2022年冬奥会为引擎，以举办旅发大会为依托，深挖传统文化，全面整合旅游资源，全面推进产业融合，全面培育四季旅游，全力打造全域旅游文化品牌，带动经济社会快速、绿色发展。通过深入挖掘冬奥文化这一特色资源，大力培育发展冰雪文化产业，谋划建设了崇礼富龙四季小镇、崇礼太舞滑雪小镇、张家口阳光冰雪季等一批标志性的文化产业项目，组织开展了崇礼雪雕艺术节、尚义冰雪嘉年华、康保冰雪节等一系列重大文化活动，打造了崇礼太舞冰雪小镇、尚义马莲冰雪小镇等一批独具奥运特色的文化休闲类项目，初步形成了以崇礼为核心、辐射带动周边县区的冰雪旅游奥运文化园区，建成万龙、密苑云顶、太舞、多乐美地、长城岭、富龙6家滑雪场，成功承办了国际雪联高山滑雪巡回赛等一大批有国际影响力的赛事活动。据统计，2016~2017年雪季，崇礼接待游客267万人次，大众滑雪游客占90%以上，崇礼已成为国内规模最大的冰雪运动基地之一。相较2014年和2015年，2016年张家口市接待国内外游客人数、旅游收入大幅提升（见表2）。县域特色文化产业

活力增强，蔚县、张北县作为全省文化产业发展"十强县"，文化产业增加值占地区生产总值的比重已接近5%。

表2  2014~2016年张家口旅游业接待游客和收入主要数据

| 年度 | 接待国内外游客（万人次） | 旅游收入（亿元） | 国际游客（万人次） | 创汇（万美元） |
| --- | --- | --- | --- | --- |
| 2014 | 3318 | 237.6 | 9.93 | 2724.86 |
| 2015 | 3848 | 301.67 | 10.72 | 2908.97 |
| 2016 | 5193.77 | 519.24 | 11.2 | 2922.13 |

资料来源：张家口市统计局。

## （二）存在问题

### 1. 产业规模和质量问题

从经济总量看，张家口经济基础较为薄弱。2016年全市实现生产总值1461.05亿元，同比增长7.0%；人均地区生产总值达33030元，同比增长6.9%。文化产业发展的经济基础较弱。从三大产业情况看，2016年第一产业实现增加值266.02亿元，同比增长4.7%；第二产业实现增加值543.17亿元，同比增长3.4%；第三产业实现增加值651.86亿元，同比增长11.3%。三大产业增加值占全市生产总值的比重分别为18.2%、37.2%和44.6%，而同期全国三大产业增加值占GDP的比重为8.6%、39.8%、51.6%。可见，与全国同期相比，张家口市第一产业占比高，第二、第三产业发展较为薄弱。2016年，张家口文化产业增加值为44.87亿元，占全市生产总值比重为3.06%，低于全国（4.14%）1.08个百分点，文化产业规模较小。全市文化产业增加值占生产总值比重在河北省排名倒数第二。从人均地区生产总值看，2016年我国人均地区生产总值达到了53817元。在河北的11市中，只有唐山、廊坊、石家庄这三个地区的人均生产总值超过了全国平均水平，张家口人均生产总值为33044元，远低于全国平均水平。2016年张家口城乡居民可支配收入分别为26069元和9241元，而同期全国城乡居民可支配收入分别为23821元和12363元，张家口市城乡经济收入差距较大，乡村居民可支配收入明显低于全国平均水平，以生活必需品消费为主，本地文化生产和消费基础较为薄弱，文化产业发展仍处于探索阶段，还远远未达到文化产业高度发展的程度。

《张家口市文化产业振兴规划纲要（2010~2015）》明确提出，到2015年底，全市文化产业增加值年平均增长22%，占全市生产总值的比重超过5%。实际上，到2015年并没有完成预定目标。《张家口市"十三五"时期文化产业发展规划纲要》提出到"十三五"末期实现文化产业增加值占全市生产总值比重达到6%的任务目标，任务仍很艰巨。

文化产业内涵式发展与质的发展尚需加强。张家口文化产业在规模迅速扩张的同时，在内涵式发展与质的发展方面尚存在不足，仍缺乏一批具有影响力和竞争力的本土文化企业，同时缺乏国际知名度高、附加值高、消费者依赖的文化产业品牌，围绕品牌所形成的核心产业、支持产业、配套产业和衍生产业四个层次的产业价值体系未有效建立，还处于粗放式发展阶段，文化创意的巨大经济效益尚未得到充分体现。

2.产业业态与结构问题

从过去几年张家口文化产业增加值来看，主要增长点集中在文化旅游、传统工艺等行业。《张家口市"十三五"时期文化产业发展规划纲要》也是把文化旅游作为战略引领型文化产业，工艺美术作为重点提升型文化产业，突出了张家口文化产业发展的重点和特色。但文化产业具有丰富的内涵与广阔的外延，在地区发展的大系统中，文化产业往往呈现动态、多维的发展特征。张家口市文化产业业态少，缺少文化含量高、附加值高的核心层文化产业。全市统计的规模以上文化企业，囊括了金店珠宝首饰、装潢印刷、批发市场、新天地商贸、光大购物、吉龙超市、皮业、建筑设计、少年宫、电子器材、体育用品、新华书店等，统计口径较大，许多企业属于文化产业的延伸或边缘业态。以文化附加值相对较低的产业门类为主，如文化旅游、工艺美术、民俗演艺等，且发展不充分。以工艺美术为例，张家口市目前产业化比较成功的仅有蔚县剪纸，年营业额破 4 亿元，未形成各类工艺美术竞相发展的局面。特别是高附加值的数字创意、影视传媒等文化产业的核心业态较为薄弱，未能引起足够重视。从广播电影电视产业来看，虽然成立了以张家口广电文化传媒有限公司为龙头，以张家口交通广播文化传媒有限公司、电广文化传媒有限公司、986 文化传媒有限公司、广播电视报传媒有限公司、全媒体中心、导视文化、意百家政服务有限公司等 8 家实体企业为核心的企业集团，分别从事网络广播电视台、农村无线卫星数字电视覆盖、大型活动组织、文化节日庆典、广告创意代理、影视节目制作、家政服务等项目，完成了产业经营的平台建设，初步形成多元化发展的格局。但长久以来，受广电事业"非产业观"影响，广电文化产业发展体制上不能扫除障碍、经济上少有投入，发展步伐缓慢。

3.产业空间与运营问题

《张家口市"十三五"时期文化产业发展规划纲要》中提出，将张家口市文化及相关产业发展的空间布局规划为一核（核心发展区）引领、一带（京张文化产业带）贯穿、三区（北部坝上草原生态文化功能区、中东部国际休闲文化功能区、西南部历史民俗文化功能区）组合，并规划了重点项目。从实际发展来看，部分项目落地可操作性不强，过于宏观，且过于集中在文化旅游产业，未充分考虑各县域的经济社会与文化产业发展状况。各县区文化产业发展不平衡，其中蔚县、经开区、张北县发展较好，而西部和北部区域发展落后，如2016年阳原县文化资源基本处于未开发状态，文化产业增加值仅占全县生产总值的0.7%。从2016年各县区文化产业增加值及占生产总值比重情况来看，占比在2%以下的有沽源、万全、下花园、康保、尚义、阳原、怀安、宣化、塞北区9个区县。① 全市文化产业发展的宏观规划需要各县区的具体支撑，亟须结合各县区情况做好落地的文化产业业态布局规划和具体项目策划，与全市的宏观规划相衔接补充。从实际运营情况看，张家口市旅游资源丰富，但多数仍处于建设发展期，在开发和运营上仍然经验不足。以涿鹿黄帝城为例，原三祖公司开发经营不善，依法破产，现通过拍卖收归国有，为全县唯一的4A级景区，但仍存在人造景观较多、营销力度不够等问题。大部分文化产业发展过分依赖在地文化资源，文

---

① 数据来源于张家口市统计局。

化产业的开发陷入同制造业一样的依赖土地资源的思维定式。开发商利用资本优势获取对工业性质土地的开发权，获取土地极差的租金利润，政府依靠这个模式引入项目，获取税收。目前，挂牌的园区坐拥工业用地的土地红利，一些却无运营能力，也无转型升级的动力。主题鲜明、品牌突出的示范类园区为数不多，少数园区处于名存实亡的状态，且缺少用地退出机制。专业化服务水平不高。文化创意园区建设、招商引资的简单扶持，导致园区的同质化倾向，专业化服务水平低下，入驻企业行业相对分散，即使园区有公共服务平台也形同虚设，实用性、针对性不强，大部分文创企业所需要的个性化、专业化的公共服务缺失比较普遍。

4. 产业政策与机制问题

一是尚未破除条块分割的体制瓶颈、理顺文化产业组织、管理和协调机制，在体制机制上形成"一个班长统筹、一个规划指导、一个目录统计"的"三个一"协同推进格局。产业整体仍显得分散和分裂，缺乏体现合理、动力和活力的高效产业政策，不同部门和不同层次相关机构之间的协同创新力度不够，产学研和社会组织的功效也未得到进一步提升。二是文产办协调力不足。在协调多个相关委办、县区和相关社会资源的过程中困难重重。特别是随着文化产业融合发展的深化，涉及的单位和部门越来越多，由于彼此之间没有直接的行政上下级关系，难以从整体上进行统筹和部署，体制机制条块分割的现实弱化文产办应有协调力的发挥。三是文化产业的市场主体活力有待进一步提高。当前文化产业市场主体活力尚未得到充分释放，部分国有文化企业或集团虽然体量较大，也掌握着较多的市场核心资源，但转型升级步伐较缓慢，创新意识和开放度有待进一步提高。国有传媒集团虽然完成了国家要求的改革任务，但在向多媒体转型发展方面仍与市场的需求和科技的进步不相适应。四是缺乏以文化产业人才为中心的创意性服务体系。从文化创意产业的源头来看，张家口还缺乏以创意人才为中心的文化创意性服务体系。目前，张家口人力及教育资源不丰富，也没有文化创意人才培训基地，未建立着眼于创新能力塑造的创意人才培养体系，创意人才的引进机制和政策缺乏，具有影响力的创意人才、策划人才、市场经营人才缺乏。创意成果的开发、推广等政策力度不够，影响了创意人才的创新热情。

## 二 张家口文化产业发展理念与战略定位

### （一）发展理念

1. 创新发展

树立创新的发展理念，强化文化创意与各类产业的融合创新，有效激发文化创意产业蕴藏的巨大发展潜力，形成文化创意的新业态、新模式和新增长点。创新提升传统产业的附加值，聚焦自主创新品牌建设，着力扶持文化产业品牌的创新主体，通过原创能力的提升，做大做强张家口文化品牌。创新城镇空间载体的高效利用，主动融入功能区建设、基础设施建设、城市更新、风貌区保护、河道整治、公共服务体系建设、乡村振兴等领域，用文化创意产业优化人居环境，完善优化功能，提升文化品位，形成城乡文化创意综合体，实现城镇空间功能的多元化。系统创新产业政策与机制，以优化文化创意产业的政策环境为导向，协同创新文化、技术、法律、经济、教育等不同部门的产业政策，合力推进产业政策的系统创新。

2. 特色发展

文化创意产业涉及11个大类、30个中类、185个小类，是一个庞大的产业群，"十三五"时期张家口文化创意产业的发展要提质增效，聚焦重点，有所为，有所不为。要聚焦主题化和特色化产业，着力打造优势重点行业，培养张家口经济新亮点，确立张家口文化产业在全国市场中的核心竞争优势。各县区应找准特色和精髓所在，按照"一县一品"的思路，挖掘、利用、保护、创新区域文化元素，以文化创意激活县域资源的发展潜力，推动县域文化产业发展，培育新的经济增长点。聚焦功能集聚区，建设与城市主体功能区深度融合的文化产业聚集区，完善服务功能，优化硬件与软件环境，构筑辐射高地，形成具有张家口文化特色的产业集聚区。

3. 融合发展

以"文化+"先进理念，统筹抓好文化与旅游、工业、农业、城建、奥运、科技等的深度融合，促进文化创意产业跨行业、跨部门的融合创新，以及第一、第二、第三产业的联动发展，形成"文化创意+"的新业态。促进文化产业吸纳优势要素，优化资源配置，丰富发展载体，拓宽发展空间，推动文化产业结构优化和规模壮大。以提升产业附加值为导向，在传统产业中融入文化和创意元素，丰富文化内涵和特色，形成融合型的新业态和产业链。

#### 4. 协同发展

文化产业是张家口对外开放、集聚国内外战略资源、提升张家口国际知名度和城市能级的重要抓手，张家口建设国际历史文化名城的战略目标，要求进一步加快张家口文化产业国际化进程，坚持开放性产业战略。立足河北，推进服务全球的开放型文化产业国际化战略，紧密对接"一带一路"倡议、京津冀协同发展战略等，服务京津冀区域，为河北争当排头兵和先行者提供示范。按照文化产业发展"两区四带"新格局，以京津冀协同发展为龙头，推进文化生产要素向区带聚集，加强区域文化产业协调合作；精准对接京津地区文化生产和消费需求，改善供给效率和质量，打造河北文化产业差异化发展优势；利用长城、冰雪、冬奥会等京冀共有的文化和地理元素，联合打造文化产业带和文化品牌。

#### 5. 人本发展

发展文化产业的终极目的是促进社会进步与人的全面发展，坚持人本发展是张家口文化产业可持续发展的必然要求。营造创意创新氛围，为各类文化创意人才，尤其是草根的创业、创新、创意营造宽容宽松的氛围，厚植城市的创意土壤，形成"大众创业、万众创新"的局面。提升人居生活品质，以文化创意推动形成高品质的宜居、宜游、宜商、宜学、宜业环境，提高张家口城市的颜值和舒适度。

### （二）战略定位

"十三五"时期张家口文化产业发展战略定位应确立以下维度：确立文化产业在张家口经济发展中的重要支柱产业地位。发挥文化产业集聚资源要素的功能，提升张家口产业附加值，为张家口产业转型升级寻找突破口，为张家口国际历史文化名城创造亮点。

## 三 张家口文化产业发展对策与建议

### （一）加快构建文化产业新体系

1. 优先发展战略性文化产业

将文化旅游产业、体育休闲产业、节庆赛事产业作为全市战略引领型文化产业进行重点打造。一是积极挖掘、开拓张家口文化旅游资源，将资源优势迅速转化为产业优势，利用张家口冬奥会的契机，利用便捷的交通网络，以恒大文旅城为龙头，坚持精品战略、品牌战略、一体化战略，通过重点完善文化旅游设施、建设公共服务体系、树立推广张家口旅游形象等措施，发展丰富多样的文化业态，深入开展文化旅游提质工程，推进创建国家级5A级旅游景区，将张家口打造成京津冀和国际文化休闲度假旅游目的地。二是紧扣"京张携手办冬奥"、建设阳光冰雪季等标志性文化产业项目。重点挖掘打造"冰雪文化"，加大重点雪场建设力度，完善从滑雪装备、设备的制造、交易、研发到培训、比赛的滑雪产业链，建构包含"冰雪运动装备生产、冰雪运动和体育赛事、冰雪小镇休闲度假、体育培训、冰雪文创品开发和教育、医疗服务"的产业体系，做到"冰雪运动、体育赛事、休闲度假、文化旅游、文创开发"五位一体。三是要充分利用张家口丰富多样的农业和工艺资源，提高农户和企业产业旅游开发的积极性，改变第一、第二产业以产品生产和销售为价值产出的单一盈利模式，变生产过程为体验过程，将工厂变公园、厂区变景区、车间变展间、田区变景区、生产线变观光线，精心设计旅游路线，加强与专业旅行社的合作，积极扩展客源市场，寻找一条"文化+产业+旅游"的新途径。

2. 重点提升传统优势文化产业

将工艺美术产业等作为重点提升型文化产业进行全面转型提升。一是支持传统工艺产业通过技术创新、培育龙头企业、培育自主品牌、促进跨行业整合等多种途径进一步做大做强。出台"张家口传统工艺振兴计划"，通过建立传统工艺振兴目录，设立传统工艺工作站，实施以传统工艺作为重点的传承人群研修研习培训计划，加强传统工艺相关学科专业建设和理论、技术研究，拓宽传统工艺产品的推介、展示、销售的理念、方式和渠道，加强行业组织建设多举措，提升传统工艺国际竞争力。二是传统广电产业加快发展新媒体。抓住媒体产业融合与变革发展的机遇，依托张家口的产业资源，立足张家口产业发展需求，鼓励原创和发展外包相结合，招大引强和产业培育并举，重点推动传统媒体和新兴媒体融合发展，加快新技术的应用，大力发展新媒体行业，形成具有高端、专业、形式多样的新媒体体系。三是要发展影视文化产业。发挥张家口资源和区位优势，营造良好的环境，借助冬奥品牌，推进影视拍摄基地建设，积极推进信息化、网络化、数字化、融合化新趋势。

3. 着力培育文化产业新业态

充分利用现代高科技手段培育具有跨领域、综合性发展、创新性等特征的新兴文化业态和高端文化业态，逐步提高新兴文化业态和高端文化业态的创新能力与核心竞争力。将创意设计业特别是数字创意产业作为发展培育型文化产业进行扶持。一是紧紧抓住制造业转型升级的市场机遇，以企业为主体，以市场为导向，以园区为载体，以内联外引和产学研结合为抓手，引进和培育一批创意有源、创新有力的设计企业，打造一批具有行业竞争力的设计示范基地。二是支持时尚创意产业的发展。以文化提升、技术研发、品牌塑造、营销创新为主题，强力推进实现从生产加工到创意设计的转变、从生产贴牌到自主品牌转变、从生产基地向总部经济转变，努力将张家口打造成集创意设计、总部经济、品牌营销于一体的产业新区。三是推动融合先进科学技术，实现向全面数字化转型。推动延伸产业链，融合创意，设计元素，开发"互联网＋"公共服务平台，实现传统产业向现代创意服务业转变。

### （二）推动文化产业创新，提升核心竞争力

1. 推动文化产业制度创新

在市文化建设工作领导小组的基础上，强化对文化产业发展的领导。进一步理顺文化产业组织领导，形成齐抓共管的工作格局。要重视构建大文化的发展格局，以文化系统内的融合、政府各部门间的融合、政府和社会力量的融合，进一步调动全社会共同参与文化建设的积极性和能动性。成立文化发展委员会、文化发展咨询委员会等文化议事机构，按照党委领导、政府管理、市场主导、企业主体、开放搞活的思路开展工作，在具体组织上，各级党委宣传部门要充分发挥协调指导作用，文化行政主管部门具体组织实施，相关部门密切配合，行业组织广泛参与，建立市区县职能和工作对

接,以服务为导向,促进文化产业健康有序发展。转变政府职能,推动政府部门由办文化向管文化转变,由单一行政管理向依靠法律、科技、经济等综合管理转变,理顺行政部门与企事业单位的关系,实现政企分开、政事分开、管办分离。

2. 推动文化产业科技创新

加快建设张家口市文化与科技融合基地,优化文化和科技融合发展环境,策划生成一批文化与科技融合的重大项目,重点培育广告创意、数字出版等新兴文化业态。推动文化与旅游融合载体建设,提升泥河湾、三祖文化园等文化旅游项目,推出一批具有张家口文化特色的旅游创意产品。利用新兴技术及互联网平台,改造传统文化产业,培育新兴业态。

3. 引导文化产业商业模式创新

创新商业模式,完善形成文化产业全产业链。市委、市政府制定和出台相关政策,引导文化企业集聚,鼓励恒大集团以文旅为核心,完善形成以开放运营综合体的全产业链;鼓励张北中都草原文化产业园、涿鹿中华三祖文化产业园、蔚县民俗文化产业园以产业园为核心,建设全文化产业链;鼓励远大建设集团等利用自身的土地、物业、资金等优势跨行业发展文化产业,从用地、用电、用水、用人和资金方面予以优惠。利用互联网平台,探索众筹、股权投资等,创新文化金融合作模式。

### (三)实施"文化+"战略,推动文化产业融合发展

1. 实施"文化+"战略

抢抓我国旅游和文化大变革、大融合、大发展的黄金发展期战

略机遇，加快实现由制造向创造的转变，大力发展创新型经济。出台《关于积极推进"文化+"行动计划的实施意见》，实施"文化+旅游""文化+工艺设计""文化+餐饮""文化+健康养生""文化+体育""文化+农业""文化+工业""文化+城建""文化+会展"等"文化+"专项行动，明确各自的指导思想、总体定位、工作目标、重点任务、项目规划、保障措施等。让"文化+"所具备的强大融合力、创新力充分释放，与其他重大发展战略共生、共融、共进。用"文化+"提升经济发展质量、促进经济结构转型、推动民生改善和市民人文素养提升，让文化渗透到经济、社会、生活方方面面。

2. 大力发展"互联网+文化"

积极运用互联网思维推动张家口文化产业业态创新、发展模式变革、服务效能提高，提升文化经济实体经济创新力和生产力。支持企业设立在线文化产业平台，整合上下游及同行企业资源、要素和技术，推动"文化+互联网"的跨界融合。建立移动互联网、微博、微信等新媒体渠道相结合的张家口文化产品和服务营销体系。鼓励电商孵化园等电子商务平台建设，发展文化微商、文化电商，鼓励通过微信、O2O等工具和形式开展文化产品和服务交易。

## （四）推动文化资源开发，激发资源活力

1. 加强文化资源数据库建设

制定张家口文化资源目录和评估办法，建立文化资源评估及保护机制，开展文化资源评估工作，对历史和现代文化资源实施资产评估，挖掘其市场价值。开展文化遗产、文物保护单位、非物质文

化遗产、民俗节庆等各类文化资源数据库、素材库、信息库的建设，对各类文化资源进行数字化转换。鼓励社会力量自主参与文化资源的收集与发布，共建、共享文化资源数据库，推动文化资源数据库的利用。推进张家口文化产业数据库建设，以市委宣传部、市文广新局为指导，市统计局负责数据收集和整理，开发文化产业发展数据库。

2. 推动文化资源集聚开发

统筹全市文化资源，统筹国有和民营资本和资源，统筹文化与城市设施资源，统筹多种业态，统合各县区和个职能部门工作力量，加快推进广电、报业、出版集团、演出院团、各类文化基础设施之间及其与文化市场的融合发展，推动综合性舞台艺术发展，打造旅游剧场，创造出叫响叫座的文化产品。促进民营资本和资源进入文化领域，鼓励和引导社会资本以多种形式投资文化产业和文化事业项目，推进民营博物馆、行业博览馆的建设。建立集保护、开发、生产、销售为一体的文化资源集聚区。与恒大、远大等集团合作，加强对传统制作技艺等非物质文化遗产的挖掘开发和创新，将传统文化与现代生活相结合，生产特色文化产品。

3. 构建多维宣传体系

建立文化产业资源展示平台，向社会各界展示张家口丰富的文化资源。推动全市文化资源市场化运作，建设张家口文化产业资源供需和整合服务平台，推动文化产业资源与资本对接，将文化产业资源转化为文化资本和产品，不断提高文化资源开发效益。邀请专业电影制作公司策划制作高品质的张家口题材影视作品，将电影展映与观看作为文化旅游的常规项目向社会各界推广。

### (五)培育骨干龙头企业,扶持中小文化企业

1. 引进龙头文化企业

加大文化产业招商引资力度,重点引进文化产业层次高、经济生态和社会效益好的文化产业项目,吸引国内国际知名文化企业将地区总部、高附加值环节落户张家口,引进知名企业建设文化旅游主题公园。发挥龙头文化企业在创意研发、品牌培育、渠道建设、市场推广等方面的带动作用,推动张家口文化产业集聚发展。

2. 做强做大本地文化企业

加大资源整合力度,推动市属国有文化企业通过多元融资、资产重组、产权交易等方式,组建一批大型文化企业集团,进一步盘活国有文化资产,鼓励张家口广电传媒集团等国有文化单位充分利用资源,打造文化产业重要运营平台。鼓励支持具有较强竞争力和影响力的民营文化企业集团,支持远大等具有综合实力的文化企业组建跨地区跨行业跨部门的企业集团,培育一批技术先进、核心竞争力强、综合能力强的文化企业。

3. 扶持中小微文化企业,大力扶持文化创客

积极落实有关扶持中小微企业的优惠政策,加大财政政策对小微文化企业的扶持力度;鼓励现有文化产业园区优化空间布局,引进孵化服务平台,搭建行业研发设计中心,检验检测平台等技术研发和服务平台,建设便利化、全要素、开放式、成本低的文化产业众创空间,打造"4.0版"产业园区。主动拓展文化创客空间,建设创客公寓、创客联盟,为创客提供金融扶持、技

术指导、市场咨询、宣传推介等配套服务，将创客优秀的创意设计、技术概念转化为现实产品并走进市场。出台包括"文化创客"在内的创客扶持政策，鼓励社会力量参与通过开展传统村落的活化利用等多种方式建设文化创客空间。搭建"政校行企"公共服务平台，为高校创客毕业生的毕业实习、毕业设计作品展和毕业后就业甚至创业提供全方位的政策咨询、场地提供、租金优惠、股权投资等公共服务。

### （六）出台文化产业扶持政策，加大文化产业投融资

1. 加大对文化产业的扶持力度

张家口文化产业发展处于由过去粗放式的培育发展阶段到跨越提升阶段，需要完善优化相关政策，提升全市文化产业发展水平，研究出台"关于推动数字文化产业创新发展的指导意见""传统工艺振兴计划""关于扶持文化旅游业加快发展的意见""关于文化创意企业申请高新技术企业实施办法""张家口重点文化企业认定和管理办法"等专项政策与管理办法。设立张家口文化产业专项资金、文化旅游产业专项资金，切实加大对文化产业的扶持力度。从引资、引智、引技的角度，对优质企业提供资金、落户、用地、上市融资全方位支持。

2. 创新文化金融，健全文化产业投融资体系

通过加强对文化产业技术、服务、信息平台的建设和文化发展环境的优化，促进各路资本进入文化产业领域发展。一是积极开发适合文化产业特点的信贷产品，加大有效地信贷投放；二是建立科学的信用评级制度和业务考评体系；三是完善授信模式，加强和改

进对文化产业的金融服务；四是大力发展多层次资本市场，引导风险钩子基金、私募股权基金等风险偏好型投资者积极与文化企业对接；五是支持符合条件的文化企业通过发行企业债、集合债和公司债等方式融资。

3. 强化人才支撑，加强文化产业智库建设

加大文化产业人才引进和培养力度，重点引进和培养既懂文化创意又懂经营管理、具有开拓市场能力的复合型国内外高层次人才和领军人才。建立以文化参与引导的多层次人才培养和引进机制，建立紧缺人才开发目录。将引进和培养的优秀文化产业人才视作高层次人才，享受张家口市的人才优惠政策和鼓励政策。支持张家口地区的高校建设文化产业学科或者研究基地，引导和扶持职业学校开展文化产业职业教育，扶持企业建立文化产业重点实践基地。建设名人文化园、工作室、俱乐部，搭建名家创作交流平台。

# B.12
# 河北省保定市曲阳县文旅业发展的思路与措施

中共曲阳县委宣传部

**摘　要：** 本报告论述了曲阳县以"石雕、定瓷、泥塑"等非遗文化资源为抓手，以秀山丽水等为依托，为了推动文化旅游产业发展，县委、县政府不断创新思路和举措，以"四个引爆点"撬动，以"两都两地"为目标，采取高起点规划、深视觉传承、大手笔布局、全链条强化和多维度宣传的措施，以此为基础剖析了当前曲阳文化产业面临"龙头"不强、创意不足、发展不优、队伍萎缩、宣传力度不够的问题与不足，并提出了规划"一张图"、破解土地难题、减轻企业负担、保护企业发展、加大宣传力度等弥补短板的一套科学"组合拳"。

**关键词：** 非遗文化　自然景观　文化立县

曲阳县位于华北平原西部、太行山东麓，是保定西部山区的财政穷县、经济弱县和文化大县，为了全面贯彻新发展理念，推进县域经济高质量发展，推动新旧动能转换，曲阳县以传承"石雕、定瓷、泥塑"等"非遗"文化为基础，以秀山丽水等自然景观为依托，以发展文旅业为中心，积极探索出一条以文旅业为主导的高质量发展新路子。2012年、2015年、2016年，曲阳县连续三年荣获河北省文化产业"十强县"，是全省唯一获得三次"十强县"的县份。2016年，全县文化产业增加值完成22.4亿元，占全县生产总值的28.62%。

## 一 思路及成效

曲阳县是千年古县和文化大县，源远流长的历史积淀了"雕刻、定瓷、古北岳"三大文化，孕育出蔺相如、杨琼、葛振林等一批杰出人物，拥有"中国雕刻之乡""定瓷艺术发祥地""古北岳文化之源""中国民间文化艺术之乡""中国观赏石之乡"五张闻名全国的文化名片，有北岳庙、仰韶文化遗址等全国重点文保单位6处，石雕、定瓷传统烧制技艺等全国非物质文化遗产4项和7处省文保单位、67处市县文保单位。此外，曲阳还有众多风景名胜，北岳庙、虎山风景区均为4A级景区，灵山聚龙洞被誉为"华北溶洞奇观"，虎山被誉为"淘金文化"之地和天然氧吧。曲阳饮食文化美名远扬，缸炉烧饼、黑闺女饺子等特色小吃广受喜爱。曲阳民俗文化丰富多彩，擎阁、吹歌、武术等在民间广泛流传。这些珍贵的文化资源既是历史的瑰宝，也是新时代转型发展的不竭源泉。

党的十八届五中全会提出了"创新、协调、绿色、开放、共享"的科学发展理念，曲阳县委、县政府清醒地认识到，适应环保升级、资源限制和改善民生的新要求，探索走一条符合时代发展的绿色转型之路已经迫在眉睫。多年来，曲阳县"深挖文化之矿、提炼文化之金、聚集文化之财"，着力把文旅产业打造成全县的支柱性产业。曲阳县委、县政府在全方位调查研究、广泛咨询征询各方面意见建议的基础上，明确提出了全力打造"两都两地"（世界雕塑艺术之都、中国北方瓷都、全国文化旅游目的地、京津冀绿色产业发展基地）的发展定位，并进一步提出建设"四个引爆点"（北岳古城、嘉禾山自然风情区、羊平雕刻小镇、定瓷小镇）的安排部署。

为了实现"文化强县"目标，曲阳县委、县政府解放思想，科学转型，实现"三个历史性转变"：一是发展思路由"工业立县"向"文化立县"转变，进一步明确了绿色崛起的方向；二是成立了以县委书记、县长担任双组长的文化旅游业发展领导小组，并且"四个引爆点"分别由县人大常委会主任、县政协主席、常务副县长、县委宣传部长任组长，从项目规划到建设、管理一抓到底，将力量调到了最强；三是发展业态由传统产业向"文化+"跨越，实现了文化与各产业的完美融合。

## 二 做法及措施

为了推动文化旅游产业发展，曲阳县委、县政府在保护、挖掘、整理文化资源的基础上，不断创新思路和举措，以"四个引爆点"撬动，以"两都两地"为目标，举全县之力推进文旅产业发展。

1. 高起点规划，明确发展方向

聘请中规院、清华同衡、中青旅等国内顶级规划编制单位对全县文化旅游资源进行全面踏勘，按照产业化发展要求，编制完成《曲阳县文化旅游产业总体规划》《曲阳县乡村旅游专项规划》《羊平雕刻小镇控制性详规》《灵山镇定瓷小镇概念性规划》等多项总体规划和专项规划，以北岳古城、羊平雕刻小镇、嘉禾山自然风情区、定瓷小镇"四个引爆点"带动虎山景区、灵山聚龙洞、王快水库及光伏产业、现代农业等文化旅游资源的集成开发，推进历史文化资源与自然资源的深度融合，把一颗颗闪亮的珍珠串联成新兴的强县富民产业。同时，编制实施《曲阳县农村人居环境整治三年行动实施方案（2018~2020年）》《曲阳县河库清理行动方案》《曲阳县美丽乡村路网改造提升行动方案》，加强生态环境整治，全面推进道路交通升级，在全县形成了共同抓文化旅游产业发展的良好态势。

2. 深视觉传承，保护文化根脉

曲阳石雕始于汉、兴于唐、盛于元，迄今为止已有两千年的发展历程，雕刻艺术不断创造中国乃至世界辉煌。定窑是我国宋代五大名窑之一，创烧于唐、兴于北宋、衰落于元，是我国北方影响深远的瓷窑体系，以生产"白如玉、薄如纸、声如磬"的白瓷名闻世界。北岳庙始建于北魏，是从汉至清历代帝王祭祀北岳恒山之地，其主体建筑"德宁之殿"是我国现存的元代最大木结构建筑，存有唐代画圣吴道子所绘巨幅壁画《天宫图》，庙内还保存了古代石雕艺术品100多件和经幢200余通，是一座石雕和书法艺术的宝库。为进一步梳理"三大文化"脉络，正源清流，夯实文化产业发展根基，曲阳成立了文化旅游产业发展委员会和专家顾问团，建设了曲阳国际雕塑会展中心、陈文增艺术馆和北岳庙博物馆。深入民间寻求资深专家、老艺人、大师、民谣民谚等资料，编辑和出版曲阳石雕和定瓷文化系列图书。挖掘黄石公、杨琼、卢进桥、陈文增等历朝历代艺术名家故事、传说和典故，建设一批文化名人艺术馆。利用地势险峻的山形山势山石，以"义犬救刘秀"为题材，建设世界动物雕塑主题公园，由中、美、澳等36个国家的百名雕塑艺术家完成创作了世界最大犬类石雕《义犬大黄》。

3. 大手笔布局，"四点引爆"发展

紧紧围绕办好2019年保定市旅游发展大会，在羊平雕刻小镇、北岳古城、嘉禾山自然风情区、定瓷小镇"四个引爆点"上发力攻坚，全力推进"文化旅游强县"建设。羊平雕刻小镇，抢抓入选全国特色小镇契机，建设集雕刻文化产业园、雕塑主题公园、雕刻博物馆、雕塑学院、众多文物古迹于一体的雕刻文化旅游聚集区，打造慢节奏、舒缓、休闲体验式的特色小镇。北岳古城，依托全国重点文物保护单位北岳庙和修德寺塔，结合北岳庙保护开发、小南关村棚户区改造工程，争取国开行河北分行贷款5.87亿元，复建修德寺，恢复北岳庙及其周边历史风貌，打造集吃、住、行、游、购、娱于一体的独具特色的文化古城。嘉禾山自然风情区，携手中青旅做好规划建设，投资7.6亿元建设集文化体验、康体健身、休闲游乐、生态体验于一体的休闲度假区。目前，悠乐谷水上乐园、滑雪场投入运营，花海、滑草场、室内休闲馆等项目正在筹备建设。灵山定瓷小镇入选河北省首批特色小镇，由河北大美定瓷文化发展有限公司投资，建设集定窑遗址公园、定瓷产业集聚区、定瓷创意园区、定窑标本博物馆、当代定窑展示销售区于一体的环境优美、宜居宜业、基础设施完善的特色小镇。同时，结合美丽乡村建设，采用"旅游+"模式，建设光伏科技小镇、孝文化长廊、千亩梨树、万亩红枣等一批乡村文化旅游示范区，在全县形成了"四大支撑、多点开花"的全域文化旅游大格局。

4. 全链条强化，提升核心竞争力

携手中央美院、清华美院、天津美院等国内八大美院成立曲阳雕塑产业创新联盟，加强创意设计，研发雕刻、定瓷、泥塑等文创产品，推动文化产品高端化艺术化转型。加强知识产权保护，引导行业协会和科研机构建设，扶持河北省石雕协会、曲阳定窑协会、河北雕塑技能学术委员会、河北省工艺美术协会定窑研究所、曲阳雕塑研究所等机构发展。支持全国唯一的雕刻专业中专学校——河北曲阳雕刻学校发展，组建河北雕塑学院，打造科研、教育、创新高地。引导"文化+互联网"产业模式发展，支持文化企业设立网站，加大网络推送力度，打造网络销售平台，开辟新的经济增长点。培育电商策划、运营、销售队伍，积极抢占京东、淘宝、天猫、苏宁易购等网络销售平台，研发符合网购特征的科技含量高、创意元素多、价格低廉的产品。出台《关于加快雕塑产业创新发展的意见》《关于推动定瓷文化产业创新发展的意见》《曲阳县工艺美术大师奖励试行办法》，支持和引导雕塑、定瓷文化产业转型升级、做大做强，大力培育优秀文化人才，为产业发展营造良好环境。设立曲阳县文化产业发展资金，大力推广雕塑清洁化生产设备和工艺，引导100余家文化企业入驻现代雕塑文化产业园，努力建成全国最大的环保、生态、现代的雕塑生产聚集区，该园区荣获

2018年度河北省"十大文化产业项目"。截至目前，曲阳县雕塑文化产业从业人员10万人，辐射一半以上的乡镇，企业摊点有2300多家，产品销售到120多个国家和地区。定瓷企业摊点120多家，从业人员5000余人，年产值突破1亿元。

5. 多维度宣传，叫响文化旅游品牌

以中国·曲阳国际雕塑艺术节为平台，定期举办国内国际具有影响力的雕塑赛事、博览会、论坛等，不断扩大曲阳文化影响力和知名度。强化旅游形象策划，聘请知名策划公司，对全县旅游品牌和产品进行营销策划，积极培育梨花节、虎山登山节等旅游节庆活动，制作精美的旅游宣传片和宣传品，叫响"北岳福地·大艺曲阳"文化旅游品牌。优化全县旅游环境，完善"吃、住、行、游、购、娱"六大要素，打造"灵山聚龙洞—定窑考古遗址公园（定瓷小镇）""北岳庙—雕刻小镇—嘉禾山悠乐谷"等"一日游""多日游"精品线路，体验曲阳文化之旅的强大魅力。利用好互联网等现代传媒的宣传推介，做好在中央电视台、各大门户网站的广告投放，不断扩大吸引力和感召力。据统计，2017年曲阳县接待游客44万人次，旅游综合收入2.84亿元，较2015年分别增长57.1%和60.6%。

## 三 问题及不足

发展文化旅游产业不同于一般的工业项目，周期长、见效慢、起步难，必须发扬钉钉子精神，久久为功，持续用力。

当前，曲阳文化旅游产业虽然取得了一定的发展，由于刚刚起步、基础薄弱、资金短缺等因素制约，还存在不少问题和困难。一是"龙头"不强。文化企业没有形成现代化管理模式，现代管理制度不健全，缺乏市场竞争力。比如，曲阳雕塑企业摊点2300多家，但规上企业还不到50家，目前还没有上市企业。二是创意不足。囿于地域、人才等条件，没有专业的文创机构，极度缺乏创意人才和网络营销人才，很多产品停留于模仿复制阶段，缺乏时尚元素，文化产品附加值较低。三是发展不优。贯通南北的定龙路经常堵车，贯通东西的交通大动脉还未打通，虎山旅游景区、灵山聚龙洞景区、北岳庙景区和县城等吃、住、行等基础设施简陋、薄弱，远远不能满足现实需求。文化行业还存在较严重的恶意竞争现象，挤压优秀企业和优质产品生存空间。雕刻和定瓷等文化产品赋税偏高，一般高达20%左右，企业负担过重。四是队伍萎缩。基于健康、环保、发展等方面因素考虑，曲阳雕塑队伍日渐萎缩，老匠人成为稀缺资源，青壮年等生力军锐减，一批优秀技工涌向北京、广州、杭州等地，部分企业出现"用工荒"。五是宣传不够。"雕刻、定瓷、古北岳"三大文化知名度不高，"北岳福地·大艺曲阳"旅游品牌有待擦亮。

## 四　建议及对策

曲阳文化旅游产业存在的一些问题具有典型性，也是很多其他地方文化旅游产业发展普遍存在的现象。如何破解难题、打破藩篱，是需要进行深入思考和研究的。曲阳县文化旅游产业未来的发展要从以下几个方面入手，打开思路，打破常规，打出一套科学

"组合拳",推进"文化旅游强县"建设。

一是规划"一张图"。要立足曲阳县乃至保定市、河北省全局,在旅游线路谋划上打破地域界限,加强统筹协调,立足曲阳,对接京、津、石、保和雄安新区,推出集文化、自然、生态、休闲等于一体的精品线路。二是破解土地难题。希望有关部门帮助破解土地指标不够、资金缺口严重等难题。曲阳县羊平雕刻小镇被列为2019年全市旅发大会承办地,小镇核心区规划面积在9平方公里,但每年曲阳县的土地指标仅二三百亩,远远不能满足小镇建设需要。建议考虑每年在土地指标的分配上适当向旅发大会承办县倾斜。三是减轻企业税负。在税收上为曲阳县文化企业减负,据了解,曲阳县雕塑、定瓷等文化企业由于缺少石材、泥土等原料抵扣项,实际税率高达20%以上,很多文化企业负担过重。四是保护企业发展。环保政策日益严厉,曲阳县部分文化企业正常生产受到很大影响,诸如雕刻、定瓷等传统手工技艺是发展文化旅游业的根脉,希望上级部门制定适当标准,给予扶持保护,促进文化传承,不应像对待"散乱污"企业一样全部取缔关停。五是加大宣传力度。在宣传推介上,集中资源力量,通过多种渠道、多种方式进行全方位、立体化的宣传推介,尽可能上大台、登大报、入大网,形成到处可看见影响、到处可听到声音、到处可感受氛围的强大声势。

# B.13
# 打造"文盛武强"新高地
## ——关于武强县文化产业发展的调研报告

刘恺兵　王春凯　张春阳*

**摘　要：** 本报告介绍了武强县如何围绕年画、乐器等传统文化资源的开发，将企业变产业、产业变集群、集群变"高地"的发展特征，从政策激励、壮大龙头企业、以商招商、培育新业态等方面论述了武强县推进文化产业发展的思路与措施，总结了武强县发展文化产业的四大经验，分别是保持"久久为功"的韧劲和树立"功成不必在我"的境界，高站位规划的顶层设计，培育市场主体、拉长做粗产业链条的手段，以及促进产业再升级的改革举措。

**关键词：** 传统文化　产业集群　以商招商

武强县历史悠久，文化底蕴深厚，是"千年古县"、"木版年画艺术之乡"和"中国管弦乐器产业基地"。近年来，武强县始终

---

\* 刘恺兵、王春凯，中共武强县委宣传部；张春阳，中共衡水市委宣传部。

把文化产业作为绿色崛起的重要增长极,初步探索了一条贫困县依托文化产业转型升级、绿色发展的路子。在2012年和2013年河北省文化产业"三个十"评选中,武强成为全省唯一的文化产业"三个十"县(武强被评为河北省文化产业"十强县"、周窝音乐小镇被评为河北省"十大文化产业"项目、中国武强国际乐器产业基地被评为河北省"十大文化产业集聚区")。2017年,全县文化产业增加值为8.7亿元,占全县生产总值的比重为12.8%。2018年,武强县创建衡水市文化产业发展特色改革示范区,并以一县之力高标准承办了第二届衡水市旅游产业发展大会,实现了产业水平、县域环境和群众幸福指数的"三个提升"。为汲取武强特色经验做法,形成本调研报告。

## 一 文化产业发展特征总结

1. 依托企业促成"产业"

武强乐器产业起步于20世纪80年代,第一家乐器企业——金音公司脱胎于乡镇企业转型升级。在此基础上,该县积极引导金音公司与日本雅马哈乐器公司全面对标、做大做强,引领产业发展进入"快车道",实现了"三多":企业更多了,增加到了51家;从业人员更多了,从几百人增加到1万多人;产品品种更多了,由原来的4个系列、100多种规格扩展到7个系列、400多种规格,西管乐器产量跃居世界第二位、亚洲第一位,畅销80多个国家和地区,武强的乐器产业实现了西洋乐器产品全覆盖、销售全球化。

2. 推动产业形成集群

在做大的基础上，围绕如何做强，从供给侧结构性改革入手，走融合式、集群式发展路子，全力抓"三个延伸"。一是由分散发展向集约化延伸。在县开发区建了占地3平方公里的乐器文化产业园，以及配套的中小乐器企业孵化园。目前，园区入驻乐器企业19家，德国盖瓦（世界最大的乐器经销企业之一）、德国隆尼施钢琴（世界顶级钢琴生产企业）等相继在武强落户。二是由单纯卖音乐产品向卖音乐服务延伸。全国第一家音乐教育服务联盟基地在武强成立，它是与中国乐器协会、中央音乐学院和中国音协管乐协会投资11.5亿元合作共建的，重点建设乐器体验中心、音乐教育培训中心、乐器兴趣博物馆等五大板块，着力打造"音乐教育培训+乐器产品展示+线上线下销售+音乐活动交流+乐器新品研发+创业创新服务"全产业链条，每年吸引至少50万名游客到武强体验乐器，接受音乐教育培训和熏陶，培训音乐人才10万人次。三是由乐器产业向文化休闲旅游延伸。与北京璐德公司合作，投资1.2亿元建设了周窝音乐小镇。小镇整体上实行市场化运作，政府负责抓基础设施改造提升，璐德公司负责整体包装和运营，打造既有北方民居特色，又有音乐品位的特色小镇。近年来，小镇累计接待游客超百万人次，先后被评为"中国最美村镇""中国乡村旅游模范村""中国第一批特色小镇"等。

3. 围绕集群建成"高地"

主要包括五个方面。一是西洋乐器集散高地。与北大青鸟音乐集团合作，在县城新区建设青鸟国际乐器展览中心、音乐主题乐园、国际音乐教育产业园区等，进行打击乐、管乐、键盘乐器等九大类全系列乐器产品展销。在此基础上，推广线上、线下实地体验销售模式，打造全国最大的乐器展销集散地。二是音乐教育培训高地。重点开展了学生音乐启蒙和专业音乐人培训，创办了璐德国际音乐学校；每年举办吉他大师班、管弦乐器大师班，聘请国内外顶级音乐大师现场授课，培养音乐专业人才及爱好者。在此基础上，大力推广普及乐器文化，开展了乐器进校园、进社区、进乡村活动，在全县中小学全部开设了乐器文化专业课，在各乡镇、社区组建西洋乐队，实现了各年龄段音乐爱好者全覆盖。三是音乐赛事活动高地。先后举办了波兰艺术圈中国行、韩国乡村艺术节等，相继举办四届中国吉他文化节、河北省非职业优秀管乐团队展演、迎新春交响音乐会等一系列文化活动，武强音乐品牌不断提升。与北大青鸟音乐集团合作，成功引进肖邦钢琴大赛系列活动，进一步打造国际音乐品牌。2018年8月，国内规模最大、影响最广的音乐节项目——中国大学生音乐节暨北大青鸟青春音乐学院常态化落户周窝，从全国24座城市、900所高校的1万余名大学生中选拔出60余名作为"蒲公英音乐种子计划"选手，在周窝音乐小镇进行专业培训；9月，在全县举办了高规格的文化旅游创意研讨峰会、德国隆尼施国际钢琴大赛、星光音乐节等主题文化活动，特别是成功举办了666架钢琴合奏挑战吉尼斯世界纪录活动，打破了韩国保持11年的纪录，先后被中央电视台及《人民日报》《河北日报》等媒体报道。四是文化创意旅游高地。紧紧抓住被确定为全省全域旅游示范区创建单位的机遇，整合武强年画、音乐文化等旅游资源，重点建设了周窝音乐小镇、音乐公园、武强年画博物馆、街关古镇四个景区，努力打造京津冀文化生态旅游目的地。2018年以来，建设了"黑科季"音乐体验馆、开发多人互动 VR 体验等重点项目,周窝音乐小镇入选省"十大旅游名镇",街关古镇、乐湖东岸艺术园两个项目入选河北省重点旅游项目名录,进一步丰富了旅游新业态。2018 年"十一"期间,全县接待游客 13.6 万人次,同比增长 299%;旅游收入 2713 万元,同比增长 315%。五是文化产业扶贫高地。立足国贫县实际,充分发挥比较优势,推进产业与扶贫开发深度融合,大力探索实施了"音乐教育体验游+扶贫""年画文化游+扶贫""美丽乡村游+扶贫""现代农业游+扶贫"四种模式,带动 4.4 万人增收,其中建档立卡贫困人口 8000 余人脱贫。

## 二 推进文化产业发展的思路措施

1. 政策激励,强化产业发展保障力

制定出台了《中国(武强)乐器文化产业园鼓励客商投资优惠办法》等系列文件,对文化产业项目,在资金、用地上最大限度给予倾斜。在县经济开发区建设了占地 3 平方公里的中国(武强)国际乐器文化产业园,对乐器产业项目,在用地上优先保障,在政策上优先扶持,特别是对重大项目采取一事一议政策支持,对入住园区的中小项目 3 年免收租金,着力吸引乐器产业人流、物流、资金流向园区集聚。目前,园区内已集聚乐器企业 19 家,其中世界顶尖乐器企业 3 家,拥有世界性专利超过 110 项。2013 年以来,中国(武强)国际乐器文化产业园相继被评为河北省"十大文化产业集聚区"、河北省首批文化产业示范园区和河北省首批"国别园"。

### 2. 壮大龙头，增强骨干企业带动力

通过对金音集团实行县级干部分包，引导企业与日本雅马哈乐器公司开展对标，聘请清华大学专家对公司进行管理诊断和改进提升等方式，推动企业提档升级。金音集团由一个名不见经传的乐器加工厂发展成旗下拥有8家子公司、年销售额超过4亿元的大型国际乐器企业集团，先后被确定为全国管乐生产基地、国家文化产业示范基地、国家文化出口重点企业等，"JY"商标被评为"中国驰名商标"，成为河北省西洋乐器企业中首个国家级商标。在金音集团的辐射带动下，武强乐器产业实现了从小到大、由弱到强的跨越发展。

### 3. 以商招商，激发现有企业内生力

坚持变"招商"为"商招"，通过思想交流、外出参观等举措，引导现有重点企业解放思想，强化"引来一个客商，就是引来一个伙伴""引进一个企业，就是树立一个标杆""引进众多企业，可以实现聚集共赢"的意识。近年来，在这种意识的指导下，金音集团主动引进了德国盖瓦公司、颐高集团等知名企业，德国盖瓦公司又相继引进上海犇众文化传播公司，以及意大利迪恩迪、瑞典诺迪克两家国际企业。从近两年出口数据来看，武强县的乐器文化贸易出口规模呈稳步增长趋势，其中行业骨干企业河北金音乐器集团有限公司2016年产品出口交货值为6500万美元，其中自营出口交货值为284万美元；2017年产品出口交货值为6580万美元，其中自营出口交货值为286万美元。武强嘉华乐器有限公司2016年产品出口交货值为1100万美元，其中自营出口交货值为438万美元；2017年产品出口交货值为1200万美元，其中自营出口交货

值为544万美元,同比增长24%。

4. 培育新业态,增强文化发展融合力

遵循文化产业是创意产业的特性,武强县以供给侧结构性改革为动力,不断培育文化产业新业态。一是培育"文化+旅游",以周窝音乐小镇(中国乡村旅游模范村)为依托进行美丽乡村游,以全国首家音乐教育服务联盟为依托进行音乐教育体验游,以首批国家级非物质文化遗产——武强年画为依托进行年画文化游,以蒙牛公司3A级旅游景区为依托进行现代农业游。二是培育"文化+教育",打造了璐德国际艺术学校,累计培养音乐特色人才1200余人,学生毕业后可以到更高学府深造,截至2018年,已有3名古典吉他专业学生被维也纳音乐学院录取。2018年,学校还与中央音乐学院、中国人民大学等高等院校合作新建了艺术高中,当年招收学生127人。与中国乐器协会合作,投资11.5亿元建设了全国第一家音乐教育服务联盟示范基地,30多万人次到基地进行音乐体验。与颐高集团合作,投资3亿元建设音乐"双创"基地,目前已组织电商培训55场、6000余人次,带动乐器产品销售额达1.8亿元。三是培育"文化+活动",依托乐器产业基础,与中国乐器协会、北京璐德国际文化中心等合作,先后举办了波兰艺术圈中国行、韩国乡村艺术节、中国吉他文化节等一系列活动,来自西班牙、美国的海外艺术名家,以及徐沛东、李春波等国内著名音乐人走进武强,数万名来自全国各地的音乐爱好者在武强相聚。特别是2018年9月份承办的第二届衡水市旅发大会,以"一演一会三节四展"的文化活动大幅拉升了武强的旅游人气和知名度。

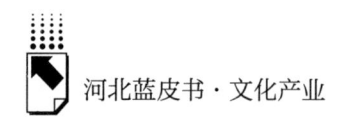

## 三 经验与启示

**1. 要有保持"久久为功"的韧劲和树立"功成不必在我"的境界**

文化产业项目建设周期长、回报慢，做强文化产业必须耐得住寂寞，发扬钉钉子的精神，持续用力。武强虽然有一定的文化产业基础，但当初也仅仅是存在以金音乐器集团为龙头的几家乐器制造和配件加工厂，到现在逐步发展成集"培训教育+创意体验+物流配送+乐器生产制造"于一体的全乐器产业链条和西洋乐器产品全覆盖，成为武强乃至河北省特色经济要素和支柱产业。这些成绩的取得并不是一蹴而就的，也不是靠一两届政府就能打造完成的，而是武强县连续多届县委、县政府领导班子拥有共识、共同努力的结果。以"功成不必在我"的境界，把文化产业作为绿色增长极来抓，并坚持做到信心不动摇、发展不折腾、扶持不松劲，以抡锤钉钉的精神，着力打造西洋乐器、周窝音乐小镇和年画三大文化产业发展板块。

**2. 要有高站位规划的顶层设计**

坚持"行政化"引领，充分发挥政府统筹谋划和扶持引导作用，武强县先后投入300多万元，聘请清华大学远景规划设计院编制了《武强县中远期文化产业发展规划》，聘请中国人民大学编制了《乐器产业发展规划及发展战略研究》，明确了全县文化产业发展战略。在具体实施上，比如对周窝音乐小镇，武强县没有急于求成，而是顺应它的发展要求，即公司最初提出的第一年做教育、做口碑，第二年至第三年做平台、做概念，第四年至第五年做品牌、做高端、做旅游的长期规划，持续加大投入，最终把小镇做出了特色，做成了品牌。

3. 要有培育市场主体、拉长做粗产业链条的手段

借力京津冀协同发展，结合武强县实际，武强主动出击，大力推动与中国轻工业联合会和中国乐器协会的合作，确定了以培育市场为切入点锻造"培训教育＋创意体验＋物流配送＋乐器生产制造"产业链条的发展思路。通过引进德国 GEWA、德国博兰斯勒等国内外知名企业来提升重塑生产制造环节；通过产业链招商引进北京璐德文化公司、颐高集团、北大青鸟等国内知名企业提升创意体验，全力建设周窝音乐小镇、世界乐器博物馆、音乐体验中心等延伸产业上下游链条的重大项目；通过布局建设璐德国际艺术学校和全国音乐教育服务联盟（武强）基地等特色专业培训机构，打造音乐培育教育、夯实基础音乐教育等多个层面的音乐教育培训和专业服务。

4. 要有促进产业再升级的改革举措

2018年，武强县被衡水市确定为创建文化产业发展特色改革示范区，以此为抓手，该县成立了创建文化产业发展特色改革示范区工作领导小组，围绕武强区域文化功能定位，立足武强特色文化资源，发挥比较优势，通过创意设计，打破行业壁垒，在全县实施了乐器制造产业升级、音乐教育体验提升、武强年画产业创意开发、VR产业扶持、全域旅游开发、文化旅游演艺打造、全域旅游助推脱贫攻坚七大工程，加快了武强特色文化产业融入相关产业的进程，开拓武强特色文化产业发展的新业态空间，从而形成武强文化产业高质量发展的良好局面。

# 产业融合

## Industrial Combinations

## B.14
## 2018年河北省新媒体产业发展的新动态与新思路[*]
### ——以乡村原创视频为例

韩春秒[**]

**摘 要：** 当前，新媒体产业进入电商时代，内容电商成为网络电商的新形态，基于视频传播的内容电商风头正劲，乡村视频业爆发出野蛮生长的原始生命力与产业化趋向。本研究采取网络民族志调查、抽样访谈与实地调研相结合

---

[*] 本文为韩春秒主持的2018年度河北省社科基金项目"乡村原创视频传播研究"（HB18XW017）的阶段性成果。
[**] 韩春秒，河北省社会科学院新闻研究所副研究员，研究方向为乡村传播与文化产业。

的方法，按照"全域扫描—河北实践—经验解析—河北对策"的思路展开，在聚焦乡村视频产业创作者多、关注者众、分布广泛、影响巨大等总体发展状况和河北省具体实践及国内典型经验的基础上，提出政府扶持、引智借智、多方合作、加强针对性培训等促进河北省乡村视频业健康快速发展的思路与对策。

**关键词：** 乡村视频　内容电商　动态与思路

当前，新媒体产业已经进入电商时代，内容电商成为网络电商的新形态与新趋向。随着移动传播的迭代发展与迅速普及，移动短视频成为当前最火热的传播形式，基于视频传播的内容电商、粉丝电商或场景电商风头正劲。其中，乡村视频业犹如一匹黑马，迅速席卷各大视频网站及信息分发平台，爆发出野蛮生长的原始生命力，一跃成为网络视频大家族中最生动的单元。乡村原创视频业的勃兴意义突出，除去文化价值外，经济意义不容小视，农民通过做自媒体实现了个人收入的增加，甚至有的乡村视频自媒体实现了对地域经济的强劲拉动，为实现农村地区经济转型升级提供了新的可能。

本研究采取网络民族志调查、抽样访谈与实地调研相结合的方法，按照"全域扫描—河北实践—经验解析—河北对策"的思路展开，试图将乡村视频产业这一悄然兴起，又时不我待的新生事物进行客观打量、深入剖析及科学探讨，以促进河北省新媒体产业蓬勃发展，助益乡村振兴深入推进。

# 一 乡村原创视频业发展概况及其产业化逻辑

## （一）发展概况

自2017年，尤其是2018年春节期间，我国短视频应用迅速向三四线城市下沉，用户规模持续增长。《第42次中国互联网络发展状况统计报告》显示，2018年上半年，短视频应用迅速崛起，"截至2018年6月，网络视频用户达6.09亿人"，城乡网民在网络视频应用中"表现出的差异较小"。乡村原创视频主要指由居住于农村的返乡农民工、毕业大学生或土生土长的农民所创作与传播的乡村题材短视频与网络直播视频。本文以农村网民广泛聚集的今日头条APP为研究平台，通过对今日头条"三农"频道50个分布于全国19个省份的乡村视频自媒体账号[①]长期观察，形成了对乡村原创视频业发展状况的初步认识。

1. 创作者多

据今日头条下属西瓜视频总经理张楠透露，截至2018年7月27日，西瓜视频拥有"超过4000位'三农'短视频创作者，每月

---

① 本文调查抽样选取的分布于19个省份的50个账号——河北：农村阿凯、姚三马、农民小天天、河北静静、乡野农哥、农村小鹏；四川：型男行走乡村、农家小妞、幺妹儿、农村杨老3、二米炊烟、农村四哥；江苏：乡村小乔、我是小熙、新农人川子；甘肃：西北小强、农人小虎、洋芋团团；湖南：乡野小婷、乡野丫头；河南：泥土的清香、我的农村365、高峰拍摄、农民静静、牛不啦、小虎在农村、豫见乡音、农民小蒿；浙江：酒鬼小莉；山东：我是赵姐、农村源子；云南：南方小蓉；陕西：景向龙；广西：巧妇9妹、桂平光哥、田野小凤、新农人小黑、农人小哥；黑龙江：农民王小；重庆：魅力乡村；福建：小九趣事、闽南小黄；贵州：黔南人家、农村梅梅、贵州李俊；吉林：我是张大勇；山西：晋北；江西：去田园、农村橙子；内蒙古：草原印象锡林郭勒。

182

创造5万余条相关内容，累计播放量高达20亿次"。① 今日头条在"三农"视频创作方面更成规模，据今日头条官方头条号9月23日数据显示，目前今日头条拥有3.2万名"三农"领域创作者，其中2.2万名图文创作者、1万名视频创作者。②

2. 关注者众

与乡村视频创作者众多并存的是，乡村原创视频拥有非常多的粉丝。截至2018年11月1日，知名"三农"领域创作者、今日头条账号"桂平光哥"粉丝量为470万人，"三农"合伙人、知名"三农"领域创作者、今日头条账号"巧妇9妹"拥有粉丝283万人。在今日头条平台拥有几十万名、上百万名粉丝的乡村视频自媒体大有人在。随着乡村自媒体持续不断的内容发布，粉丝仍在不断增加，这样的粉丝规模是一般官方媒体难以企及的。

3. 分布广泛

据今日头条官方数据显示，今日头条拥有的3.2万"三农"创作者占今日头条创作者总数的2%，分布于五湖四海。今日头条乡村视频自媒体实现了在全国绝大多数省份的覆盖。四川"型男行走乡村"、河北"农村阿凯"、江苏"乡村小乔"、黑龙江"农民王小"、浙江"酒鬼小莉"、陕西"景向龙"、贵州"欢子tv"、云南"南方小蓉"、内蒙古"草原印象锡林郭勒"等，都已经成为各省份乡村视频在网络空间传播的实际代言人。

4. 影响巨大

新农民所发布的优质乡村原创视频往往拥有很高的点击量，比

---

① 数据来源于"西瓜视频"官方头条号2018年7月27日发布内容。
② 数据来源于"今日头条"官方头条号2018年9月23日发布内容。

如"三农"领域创作者、今日头条账号"姚三马"2018年8月12日发布的视频《102岁老人又轮到三儿子家管饭,看三媳妇第一天让老公爹吃的啥饭》,发布24小时,便得到300多万次的点击量、1万个赞、100多次转发和近5000条留言。乡村视频自媒体更是拉动地方农产品热销全国的重要平台,据人民网2018年9月初的报道,"巧妇9妹"在不到一年时间便帮乡亲们卖出300万斤水果;由"三农"创作者组成的"扶贫达人团"5天帮助贫困县卖出24万斤李子。

### (二)产业化逻辑

乡村原创视频是网络视频产业的一支劲旅。由新农民所创作并进行网络传播的乡村视频,通过新媒介的赋权得以存在与发展,这种网络赋权是基于关系的互动而实现,互联网连接一切的功能激活了沉默多年的农村个体资源,为赋权开辟了新的道路,其中基于视频内容的传播是核心。从生产方式上看,乡村视频产业的劳动对象是新农民自身、家庭成员与合伙人,其成果是自创IP视频,然后通过网络视频传播的方式与粉丝进行价值交换,形成某种话语,建构某种场域,获得掌握资源的权利,最后实现商业变现。

"内容电商"即通过内容引流而实现交易的电商。具体来讲,乡村原创视频产业是"内容电商"在视频传播中的运用与发展。首先,乡村原创视频通过自身视频影响力吸引大量粉丝,在此基础上将粉丝转化为忠实受众和消费者(精神与物质)。其中的产业化链条为"视频内容制作与传播—获取视频流量收益并不断吸引粉丝关注—适时视频内容营销+开发或推送相关产品—品牌强化获取更多收益与更好口碑—视频内容制作与传播",这是一个商业闭环,不断循环。其中"视频内容制作与传播"是基础和原点,"内容营销+推送产品"是手段,"品牌强化"是保障,"获取收益"是目的。

与传统电商不同的是,"内容电商"本质上是精神消费,即通过吸引粉丝关注、影响粉丝情绪、获取粉丝信任,达到粉丝主动参与并主导营销的效果,以实现商业利益为最终目的。作为一种由精神消费引发的经济行为,"内容电商"属于注意力经济范畴。乡村视频以满足受众这种精神与情感需求为起点,最终达到实现营销、获取利益的目的。根据马斯洛需求层次理论,乡村视频产业的"内容电商"满足了人们物质与精神两方面的需求。当前,除去平台的流量补贴与广告分成外,乡村视频产业主要创收渠道一是开网店、做微商,二是打品牌、做广告。

## 二 乡村原创视频的河北实践与产业化端倪

### (一)河北省乡村视频产业总体概况

《河北省互联网发展报告》(2017年度)数据显示,2017年河北省移动应用类别排行中,视频服务类移动应用以92.6%的占比位列第二。河北省移动互联网应用月度单机使用时长以微信最高,约为20.6小时,其时长远远高于其余19个上榜应用,而爱奇艺、今日头条分别以11.6小时和10.8小时的单机使用时长位列第二、第三名。[①] 可见,在线视频应用在河北移动用户中黏性较高。与全国乡村视频自媒体大量涌现同步,河北省农村地区在2017年、2018年争相在今日头条APP注册做视频自媒体者大有人在,并产生了一批颇具影响力的乡村视频"网红",他们成为河北省乃至全国北方地区乡村视频的典型代表,是网络空间了解河北乡村、展现河北民间风貌、撬动河北农村特产外销、刺激乡村旅游的崭新窗口。典型账号代表有涉县"农村阿凯"、卢龙县"农村小鹏"、新乐市"农民小天天"、馆陶县"农村小爽"、邢台"乡野农哥"、张家口"张家口人"、邢台"小彪美食"、大名县"姚三马"、武安"河北静静"等。

## (二)典型案例分析：生动实践、发展困境及重点诉求

1. 涉县——"农村阿凯"：视频品质优良频获奖,太行山农家代言人

今日头条注册账户"农村阿凯",原名刘志凯,1991年生,河北邯郸涉县井店镇刘家村人,初中学历。2017年4月30日在今日头条注册账号,并发布了第一条乡村原创视频。他是诸多网络视频关注者心目中北方乡村自媒体的优秀代表。

2018年7月,"农村阿凯"受邀参加了今日头条在广西组织的第一届"三农"创作者大会,9月受邀参加了第一届"中国农民丰收节"内蒙古乌兰浩特的宣传推广活动,10月赴北京参加西瓜视频嘉年华活动。阿凯拍摄的视频主题突出、技法讲究、画面真实自

---

[①] 数据来源于河北省通信管理局《河北省互联网发展报告》(2017年度)。

然，虽是自学成才，但已多次获得官方肯定，是河北省不可多得的、实力型乡村视频原创作者。2018年5月，阿凯取材家乡变化而拍摄的原创视频《厉害了我的国》，在CCTV-2财经频道《第一时间》栏目播出。2018年9月，阿凯以《有山有水好风光，阿凯家乡太漂亮了，你想来吗?》原创视频，获得由中央广播电视台央广中国乡村之声联合今日头条、西瓜视频发起的"站在潮头看振兴"有奖征文活动视频榜二等奖。截至2018年11月1日，"农村阿凯"在今日头条APP拥有粉丝111万人，获赞237万个，发布视频及图文信息3942条，视频被播放达2.5亿次。一年时间内，阿凯利用账号共销售涉县梯田小米约2万斤。2018年9月，阿凯注册了公司"涉县鑫航文化传媒有限公司"。

2018年7月4日，笔者曾到涉县阿凯家实地调研，后续又经过多次网络访谈与交流，阿凯认为，流量变现是当前与今后视频拍摄的主要思路，在电商销售方面，阿凯渴望突破，但又存在诸多瓶颈。"农村阿凯"面临的主要产业化短板有三个方面。一是产品质量把关难。有些从老乡手中收购来的小米质量不佳、以次充好，导致不少粉丝在今日头条留言、释放不满情绪，比如用2017年的旧小米充当2018年的新小米等。二是高质量农产品收购难。阿凯表示，2018年在今日头条平台只销售了自家产的花椒，虽然仍有大量网友询问想要购买，但从老乡手中收购花椒存在很多矛盾，只有最好的、处理最干净的花椒才能保证质量，而如果只收购老乡家中最好的花椒，老乡担心自家其他质量偏差的花椒难以销售，他们希望统统卖给阿凯，但是阿凯不希望自己销售的产品遭遇质量下滑，导致口碑下跌，所以他放弃了继续在个人网店销售当地花椒。三是资金不足新项目启动难。今日头条平台并未将账户电商销售所得及时回流给账户，而是有几个月的周期，由于资金不足，限制了阿凯近期大规模上新产品的冲动，这也成为影响他产业化发展的最大瓶颈。

2. 卢龙县——"农村小鹏"：因爱心感动粉丝，成为电商销售的"一匹黑马"

今日头条注册账号"农村小鹏"，原名王鹏，秦皇岛卢龙县人，1992年生，中专学历。2017年11月在今日头条注册了账号"农村小鹏"，开始制作乡村原创视频，之前做过网络搬运工式的其他自媒体，并有多种打工经历。截至2018年11月1日，"农村小鹏"发布原创视频约800条，粉丝达85万人，点击量为2.9亿次。"农村小鹏"在不足一年时间内，除了聚焦卢龙县普通农村家庭的生活日常外，小鹏选取了本村一位82岁老大爷为主要拍摄对象，不仅拍老大爷的饮食起居、人生经验分享等，还关注了老人晚年生活的孤单与困苦，小鹏不断为这位82岁雷姓老大爷送去各种食品及生活用品，他还帮老大爷与多年未曾谋面的84岁老姐姐取得联系，并使两位老人远隔千里、通上了视频电话……小鹏的一系列善举感动了无数网友，大家纷纷为他的人品及善良点赞，这样的肯定为小鹏后来启动电商经营积累了粉丝基础与良好口碑。经初步统计发现，截至2018年11月1日，"农村小鹏"成为省内视频点击量最高的"三农"自媒体。

2018年11月1日，笔者对"农村小鹏"进行了电话采访，小鹏透露，目前只有自己和妻子做视频，妻子不熟悉业务，主要由自己完成拍摄与后期剪辑、回复网友等工作。他目前尚未注册公司，但已从卢龙县办理了食品流通许可证和营业执照。小鹏在电商运营方面的困难主要有三点。一是销量不稳。今日头条"尝鲜节"大大促进了产品销售，但是随着活动的结束，销量回落明显。二是人手不足。夫妻二人除了制作视频，还要进货、打包、发货，天天要忙到深夜十二点。冬季到来，卢龙县特产红薯干、粉条大量上架，小鹏希望尽快在个人平台进行销售，这就需要雇人帮忙。三是资金缺乏。小鹏透露，11月份今日头条要与他签约，他将成为今日头条签约作者，即他理解的"正式员工"，他希望在收入、培训、推介等方面能获得更多的便利与支持。谈到今后的打算与愿望，"农村小鹏"期待河北省的"三农"自媒体早日形成传播矩阵，他希望能够得到卢龙县甚至秦皇岛市政府等的支持，扶持他做地方特色产品的代理商来进行网络销售，他希望能够开公司或办合作社，这样可以让更多人从中获益。

3. 新乐市——"农民小天天"：乡村底层的折射镜，思想洞察的佼佼者

最初关注"农民小天天"是因为他拍摄了大量反映张家口农村生活的原创视频，他关注了种田老人、农村妇女、粮食价格、农村入学儿童等农村诸多领域，属于"报道型""三农"自媒体账号。2018年5月，"农民小天天"暂时告别了张家口打工工地，回到家乡石家庄新乐市，重操旧业做起了收废品的生意，在收废品过程中，"农民小天天"将每日所见所闻、所思所想拍摄成视频，发布到今日头条，丰富的社会阅历使他成为农民自媒体中少有的"思想者"与"善于表达者"，他的视频不仅记录了乡村生活、农村人、农村事，更渗透着他积极向上的人生观、世界观与价值观，

是拥有一定思想深度的、严肃纪实主义的乡村原创视频的优秀代表。

截至2018年11月1日,"农民小天天"在今日头条APP拥有粉丝46万人,获赞46万次,共发布信息4282条。在电商经营方面,"农民小天天"起步较晚,自2018年10月开始在头条"店铺"中引入石家庄新乐市农产品香油、芝麻酱、小麦粉、花生油等。目前销量一般,但用户口碑、服务态度和发货速度评分都在4.9分以上,电商运营方面的潜力巨大。在多次网络交流中,"农民小天天"表达了对乡村视频的个人看法,他认为"三农"视频应该贴近底层,不赞成为了吸引流量而每天"吃吃喝喝"的内容选题,他期待通过自己的视频能让人们了解真实的农村、农民与农业。他在电商销售中的担心集中在产品认可度上,农村地区农产品加工工艺的不足,使得很多原生态的好产品卖不动、不被认可。他渴望家乡农产品能够在加工工艺与标准化方面得到提升,这样有利于大力打开电商市场。

4. 馆陶县——"农村小爽":巧媳妇的接地气生意经

今日头条注册账号"农村小爽",原名李爽,河北邯郸馆陶县寿山寺乡南辛头村人,1992年生,小学毕业,是两个孩子的母亲。李爽与丈夫吴庆伟自2018年3月22日在今日头条发布了第一条原创视频,经过半年多的发展,截至2018年11月1日,"农村小爽"在今日头条拥有粉丝31万人,获赞27万次,发布信息7301条。2018年9月4日,她开始在头条店铺中销售产品,截至11月1日,销售被褥近1200件、去籽棉花约500斤、玉米面约1000斤、玉米糁约500斤,近期又开发了新产品馆陶特色手工挂面,销售形势喜人。据李爽本人透露,截至目前,共销售棉花三四万斤,目前市场缺口仍然很大，尤其入冬以来，订购棉被、购买棉花的网友日渐增多。

小爽视频的核心主题是"家庭"，涉及成员有父母、公婆、丈夫、两个女儿、妹妹、弟弟等，描述了这个普通农村大家庭的日常，她通过镜头传递了农民阶层勤劳、乐观、朴实、友善、慷慨的优良品质，尤其小爽本人对父母、公婆的孝敬非常真实与感人，她不怕吃苦、不服输，有韧劲、有干劲、有巧劲、阳光又热情，她对和睦家庭氛围的积极、巧妙营造，更是折服了大量网友。这些原创视频塑造了小爽的网络人格，网友肯定她、喜欢她、支持她，再加上当地粮食作物多样、棉花资源丰富等优势，这使得她的电商运营虽起步较晚，但风生水起。

小爽目前遇到的主要困难是技术不足。小爽表示，在视频拍摄、剪辑及电商运营方面，一切都是自学，摸着石头过河，比如，如何打包棉被、打包挂面等，都要经过反复试验，目前还存在不少缺陷，希望能得到政府这方面的培训与辅导。她期待早日拓展市场，希望在棉花规模化加工方面得到提升。目前棉花缺口较大，有待大量收购棉花和进行棉花去籽加工等，她想办一个厂子，实现棉花收购、加工、棉被制作、网络销售等的一条龙产业化发展。

## 三 国内乡村视频产业发展的成功案例及主要经验

1. "天时、地利、人和"与官方重视合力打造第一成功范例：广西灵山"巧妇9妹"

"巧妇9妹"原名甘有琴，广西灵山人，她曾经是一位打工妹。近一年来，"巧妇9妹"的案例被当作乡村视频自媒体的成功典范广为传播。比如，2017年她利用自媒体平台帮助当地销售水果300万斤，2018年7月利用两个小时销售了10万斤芒果，她年收入过千万元等。

"巧妇9妹"的成功经验可以归结为"天时、地利、人和"。"天时"即赶上了移动视频快速席卷全国城乡的大时代、大背景、大机遇。她自2017年5月19日开始拍摄乡村原创短视频，视频主题为原生态的农村生活、美食、趣事、果园等。她乐观开朗的性格、爽朗的笑声、亲切随和的外形、勤劳手巧的特质等迅速吸引大量网民关注，截至2018年11月1日，"巧妇9妹"在今日头条拥有粉丝283万人。"地利"即拥有广西独特气候所孕育下的优美的自然风光和丰富多样、四季不断的水果资源。水果作为快消品是电商的宠儿，丰富的物产再加上"线上线下互动营销"模式的采用，成就了"巧妇9妹"的商业传奇。"人和"即"巧妇9妹"拥有强有力的家庭支持与团队力量。"巧妇9妹"的侄子张阳成毕业于广播电视编导专业，是"巧妇9妹"账号的运营负责人，无论从策划、拍摄，还是剪辑、加工，"巧妇9妹"的视频都体现出专业化品质，从而使其在众多"三农"视频当中脱颖而出。同时，"巧妇9妹"丈夫丰富的打工阅历，也为他大力支持妻子拍视频、做大电商起到了决定性作用。

"巧妇9妹"的成功除去移动视频迅速普及的时代背景、优渥的地域物产资源和家人的大力支持，当地政府部门的高度重视与积极助力同样不容小觑。2018年7月2日，广西壮族自治区农业农村厅率先联合今日头条在灵山县苏屋塘村（"巧妇9妹"所在的村庄）举办了首届"三农"创作者大会，全国各地知名乡村视频创作者的到来与广泛传播，使广西灵山从此声名鹊起，广西农业农村厅的洞察力及决策力值得肯定。灵山县委、县政府也多次到"巧妇9妹"家调研、观摩，希望她发挥更大带动作用，把灵山物产与文化大力推介出去。广西钦州市及灵山县的妇联组织也有意发挥"巧妇9妹"的巾帼模范作用，带动更多的农村妇女脱贫致富。

2. 区域自媒体扎堆、抱团取暖：河南"泥土的清香""高峰拍摄""我的农村365"

2018年9月23日今日头条官方账号数据显示，在"三农"视频拍摄者中，"每100人中，有9位来自河南、8位来自北京、8位来自山东、7位来自广东"。[①] 河南省乡村视频自媒体扎堆现象非常突出，不仅数量多，而且"大咖"云集。河南省地处中原，人口基数大，农村常住人口达4909.20万人，[②] 全省人口中农业人口所占比重大。河南省农村自媒体发达，除了人口基数大，更有粮产丰富这张王牌，丰富多样的农作物资源为乡村自媒体电商销售创造了便利条件。

河南省乡村视频自媒体网红众多，比如，今日头条注册账号"泥土的清香"，河南开封人，截至2018年11月1日，已拥有粉丝198万人，销售当地红薯15万斤、销售花生油4000余斤、销售红薯粉条约2万斤等。"高峰拍摄"也是今日头条农村"网红"，河南许昌人，截至2018年11月1日，已拥有粉丝157万人，他的电商产品也以当地特产红薯粉条、菜籽油、小麦面粉、玉米面、纯红

---

[①] 数据来源于"今日头条"官方头条号2018年9月23日发布内容。
[②] 河南省现代农业研究会：《河南省现代农业发展基本情况概述》，2017年6月，http://www.hnsxdny.com/policy/221.html。

薯粉、手工焖子、禹州杂烩等为主，其中销售红薯粉条约12000斤、小麦面粉约3000斤。河南另一位今日头条农村自媒体网红"我的农村365"，河南周口人，截至2018年11月1日，已拥有粉丝131万人。这个账号由"雷哥"和"贺子"两位农村小伙共同经营，视频中农村趣事、兄弟感情非常真实生动，吸引了大批"铁粉"。该账号在电商运营上涉足偏晚，2018年10月底才开始上线产品，依赖强大的粉丝基础和良好口碑，他们的产品成为热销品，截至2018年11月1日，销售河南土特产"农家皮蛋"约6万枚，销售炒熟芝麻超过1000斤。

河南乡村自媒体之所以成规模、出现"河南现象"，除了地域广、自媒体基数大等的优势外，还离不开各个乡村自媒体的抱团取暖、不间断地相互学习交流及官方的助力。这种现象并非河南独有，在湖南、广西、四川等乡村视频自媒体较多省份同样存在。一方面，他们通过相互走访、探讨交流、转发视频等形式，不断扩大河南籍乡村自媒体的影响力。另一方面，通过频繁参加今日头条或其他官方组织的全国性公共活动建立人脉、增加知名度。再一方面，河南省电视台对本省乡村自媒体报道力度不断加大，为进一步提高他们的知名度和影响力注入了官方力量。

3. 特色民族风带动地方旅游及产品热销：湖南"乡野丫头"与内蒙古"草原印象锡林郭勒"

在今日头条的"三农"视频创作者中，充满少数民族自然风貌及文化特质的乡村视频格外引人注目，这其中最具代表性的便是湖南怀化侗族姑娘秋子的"乡野丫头"和内蒙古锡林郭勒盟的蒙古族女孩乌音嘎的"草原印象锡林郭勒"。

"乡野丫头"原名石秋实，网名叫"秋子"，85后，是湖南省怀化市通道侗族自治县双江镇人。自2017年3月27日开始在今日头条发布原创视频，通过短视频记录侗族乡村日常生活，分享民族特色美食、民俗风情、自然风光等，截至2018年11月1日，"乡野丫头"拥有粉丝166万人。2018年7月2日，秋子成为今日头条首批4位"三农合伙人"之一。"草原印象锡林郭勒"账号持有人是蒙古族女孩乌音嘎，本科毕业，1995年生人，她通过镜头记录了蒙古族一个普通牧民家庭的日常，视频中她和家人草原放牧、捡拾牛粪蛋、打草、烹牛宰羊、制作奶茶等的画面，带给网友无限的吸引力，尤其她在镜头里传递出的牧民安然、淡定、不浮躁、自控、质朴等优良品质，更成为都市一族的精神慰藉。

"乡野丫头"已然成为外界了解侗族的崭新窗口，她使得没有文字、只能靠口口相传的侗族文化插上了视频的翅膀，飞到了世界各个角落。"草原印象锡林郭勒"作为内蒙古牧区第一自媒体，是外界近距离了解我国牧民生产生活的高人气平台。"乡野丫头"和"草原印象锡林郭勒"不仅扩大了家乡的知名度，推动了地域文化的广泛传播，更拉动了地方特产的网络热销，并对刺激地方旅游业的发展注入了强劲动力。

4. 乡村视频的热络人气与励志品格：四川"农村四哥""型男行走乡村"

今日头条的乡村视频自媒体不仅有因创作者众多而涌现的"河南现象"，更有视频中"演员"众多、气氛火爆、美食扎堆、人气爆棚的"四川景观"。四川人素有泼辣、热情、勤劳、擅饮食等典型特征，出自四川农民的乡村视频沿袭了这一地域特质，在今日头条的乡村视频自媒体中占据重要地位。如果将其他省份的乡村原创视频比作一出小品,"演员"基本固定、人数有限、情节模式化,那么,四川籍乡村视频则如同一部电影,演员机动、人数众多、情节惊喜不断、花样迭出,这也成为"农村四哥"与"型男行走乡村"等四川籍乡村视频自媒体迅速崛起的重要原因。

今日头条注册账号"农村四哥"用视频聚焦了自己的大家庭:奶奶、父亲、母亲、王四、英子、女儿幺幺、侄子嘉诚、幺叔、幺婶、六叔、六婶等。这个大家庭无论是下田劳作、赶集串亲,还是做饭吃饭、盖房会客等,无不体现传统农村家族群居共食的特征,弥漫灶台的烟火热气、婉转高亢的川音川调、辣椒腊肉激发出的油脂和香气等,每每充溢视频画面,成为无数网民满足乡愁的想象空间,充当着激发都市人群缓解冷漠生活的一眼热泉,汩汩而来、欲罢不能。"型男行走乡村"(以下简称"型男")创作者原名袁勇,他的视频除了有父亲、母亲、"型男"、妻子小妞儿、儿子满满、奶奶、幺叔、三叔、三婶等众多人员、人气热络外,另一个吸引人的地方在于,"型男"在视频中传递出了农村青年积极、乐观、勇于打拼的可贵品质,他在视频中记录了自己离开都市回乡创业的全过程。他不仅做起了乡村视频自媒体,更成为探索头条电商的先行者,他率先将火锅底料、四川特色牛肉酱、四川眉山爱媛橙等销售到了全国各地,他还积极寻找外省货源,不断丰富电商产品。另外,"型男"还前往重庆投资了农庄,将经营范围一再扩大。"型男"做了别人想做而不敢做的,他实现了众多农村青年乃至城市青年的创业梦想。

网民观看乡村视频除了娱乐消遣、满足好奇心外，更希望从中得到一些有益信息，无论是做饭技巧，还是致富故事，无论是特色文化，还是慰藉乡愁，只有那些有营养的、给人感动与力量、别具一格的视频才能拥有持续的吸引力，这些视频成为塑造乡村视频自媒体网络人格的原材料，日积月累，历久弥新，网络人格一旦形成，不仅是粉丝变现的砝码，更是千金不换的招牌，还会成为地域标签，化作农民阶层的代言人，在农村经济、文化建设、乡村治理、生态文明、农民增收等多个层次、多个维度发挥重要作用。

## 四 促进河北省乡村视频产业发展的思考与建议

乡村视频产业的发展与壮大需要以系统观念来认识，国内某些乡村视频产业发展良好的案例，其原因是多方面的，包含人的因素（创作者的眼界、学习能力、市场拓展能力等）、地域资源禀赋（风土人情的新鲜度、地方物产、规模化加工生产能力等）、制度环境（政府的肯定、资源供给或制度支持）等，这些因素缺一不可。再根据河北省乡村视频产业发展中所面临的特殊困境与问题，尝试提出如下建议。

### （一）认识乡村视频产业在乡村振兴中的"酶"潜能

在生物学中，酶，是一类极为重要的生物催化剂。乡村视频在某种意义上便扮演了乡村机体的这种"催化剂"，从上文分析可见，乡村视频的发展使一批农村自媒体人率先富了起来，并且成功的乡村视频极大地拉动了地方特产外销、扩大了农民就业、实现了周边农民增收、刺激了地方经济的发展与转型等，发挥着乡村机体自内而外的、促进新陈代谢的"酶"的功能。同时，乡村视频产业的成功经验并非可轻松复制，在发展过程中，有的乡村视频仅是"酶蛋白"，只有成为"结合酶"才能发挥催化作用。因为，结合酶由两部分组成，一是酶蛋白，二是辅助因子。其中，酶蛋白为蛋白质部分，辅助因子为非蛋白质部分，只有两者结合成全酶才具有催化活性。因此，乡村视频"催化剂"功能的发挥有赖于外部环境的支持与配合，广西、河南、四川等省份政府部门与官方媒介的积极助力，对乡村视频产业的繁荣发展起到了重要的"辅助因子"作用。当前，河北省乡村视频账号"农村阿凯""农村小鹏""农村小爽""农民小天天"等知名大号，已经进行了产业化发展或具备产业化发展的潜能，众多乡村视频创作者们正热情满满、跃跃欲试，显现出农民阶层鲜有的主动性与创造力，亟待政府部门给予扶持与引导，进一步拓宽他们在内容电商中施展拳脚的天地，激发出更大能量。

## （二）布局乡村视频产业人才链，加强针对式技能培训

一方面，布局人才链。人才资源是实现乡村视频产业蓬勃发展的关键。长远看，不断增加河北省农业院校（以河北农业大学及各类中专技校为重点）的招生指标，加强政府财政对农业职业院校的建设投入，尤其应加强对既懂农业，又懂现代经营与传播技术的复合型人才的培养，他们将成为顺应时代发展潮流的内容经济、场景经济或粉丝经济产业链建设的主力军，也是扭转河北省当前乡

村视频产业创作者过于单一的不利局面的重要砝码。短期看，积极引导优秀农技师、科研人员、农产品代理商、农业合作社管理者等多方面人才加入，不断充实与优化乡村视频产业链的人员结构，壮大河北省乡村视频产业的规模与实力。另一方面，加强返乡、下乡、回乡人才与乡村自媒体人的技能培训。以往对农民的技能培训往往聚焦在乡农民，按地区分批分块（县、乡、村）等进行培训，对返乡、下乡、回乡人才并未格外加以重视，其实这部分人要么有过进城务工经历，要么是毕业大学生，要么做过农机推广员、企业管理者等，他们最有机会成为新型职业农民，成为乡村自媒体的开发者、创作者与运营者。培训内容以视频拍摄技能、地方文化知识、电商运营经验、物流仓储、线上线下营销等为主，实行订单式、针对式培训，既可以采用在场互动交流的方式，也可进行网络视频培训，形式要灵活，内容要务实。

### （三）加强社会合作、引智借智，组建乡村自媒体联盟

一方面，省委、省政府或农业管理部门可与知名视频网站或内容电商平台合作，举办全国、全省性"三农"推广活动，邀请全国政界、学界、农村网红等积极参会，进一步提高外界对河北省农业农村资源的关注度与认可度。另一方面，各级农业管理部门积极借智引智，举办围绕"互联网+乡村振兴""新型职业农民""乡村自媒体产业""农村电子商务"等的学术研讨会、经验交流会、策划会等，为河北省乡村视频产业提供思路借鉴与理论支撑。再一方面，由河北省农业农村厅积极组建河北省乡村自媒体联盟。一是对全省乡村自媒体资源进行全域摸底，登记造

册，加强规范管理。二是搭建交流平台，促进乡村自媒体之间学习、探讨合作方式与模式等，共同谋划乡村视频产业的快速成长与规模化发展。三是适时为河北省优秀乡村视频自媒体人提供集中采风、调研、观摩的机会，使他们对标国内先进，制作出更多更好的乡村视频，积极借鉴国内同行成功经验，为河北省乡村视频产业矩阵的早日形成创造条件。

### （四）启动河北省县域乡村视频产业试点建设

根据河北省乡村视频自媒体发展总体情况，可选取邯郸涉县即"农村阿凯"的家乡为河北省试点县，率先采取政府扶持、引智借智、多方合作等措施，促进乡村视频产业发展。选择涉县原因有三。第一，涉县的"农村阿凯"作为河北省乡村视频自媒体第一人，起步最早，视频内容主题鲜明、品质相对精良，踏实、勤奋、忠厚、孝顺、吃苦耐劳的网络人格已经形成并稳定，网民信任他、支持他，期待买到他推介的特色农产品，希望到涉县旅游等，网络引流能力突出，网络口碑价值巨大。第二，阿凯将镜头对准了涉县梯田小米、花椒、柿子、黑枣、毛驴、核桃、乡村旅游等本地资源，他的视频主题与涉县近年的旅游经济发展路线相吻合，并且涉县地处河北、山西、河南交界处，发展旅游经济、主打太行山特产营销大有可为。第三，"农村阿凯"在视频产业发展过程中遇到的困难具有普遍性和代表性，他的资金困境、产品链缺失、视野局限等都亟待外界或官方助其突破，方能发挥更大的价值。涉县政府以"农村阿凯"为主平台与网络引流通道，进一步打响涉县梯田小米、二红袍花椒、核桃、花椒油等农产品品牌，打造标准化供应链，围绕农产品质量溯源深入作为，同时加强对本县乡村视频人才、电商人才的培训，孕育规模优势，强力推动引导县域内容电商健康可持续发展。视频经济发展迅速，看似悄无声息，实则时不我待，期待早日出现乡村视频产业的"涉县经验"，期待河北省乡村视频产业早日取得更大发展。

# B.15
# 河北省旅游和文化产业融合发展时空演变分析

赵然芬　张卫兵\*

**摘　要：** 产业融合发展是当今世界经济发展的新趋势。在省委、省政府的大力推进下，文化旅游业已经成为河北省经济发展新的增长点和支柱产业。本文运用空间计量模型对全省11个地市2004～2017年旅游产业和2014～2016年文化产业的空间分布情况和空间集聚特征进行了数理分析，结合模型结果，本文认为，尽管河北省旅游和文化产业发展规模不断扩大，新业态新模式不断涌现，但还存在文化产业增加值占地区生产总值比例过小、区域发展不平衡、产业融合水平低等问题。要推进河北省文化与旅游产业深度融合发展，就要着力在深度挖掘文旅融合契合点、推进区域旅游一体化、培育文化产业新业态新模式、完善旅游配套设施等方面下功夫。

**关键词：** 文化产业　旅游产业　产业融合　空间计量模型

---

\* 赵然芬，硕士研究生，河北省社会科学院农村经济研究所副研究员，主要研究方向为农村经济；张卫兵，硕士研究生，河北省统计局数据管理中心高级统计师，主要研究方向为大数据挖掘。

河北省旅游和文化产业融合发展时空演变分析

产业融合发展是当今世界经济发展的新趋势。近年来，河北省大力推进文化与旅游产业融合发展，着力把文化旅游产业打造成河北省经济发展的新增长点和支柱产业，文化旅游产业在河北省经济社会发展中发挥越来越重要的作用。国内外文化产业融合发展实践证明，文化与旅游融合程度越高，旅游产品就越精粹，旅游吸引力就越强，旅游经济就越发达。本篇研究报告根据河北省11个设区市2004~2017年文化旅游产业数据，运用空间计量模型，对河北省文化与旅游产业的融合发展水平及时空差异进行了深入探讨和剖析，期望能对推进河北省文化与旅游产业融合发展有所助益。

# 一 河北省旅游和文化产业发展现状

## （一）文化产业发展现状

河北历史文化底蕴深厚，资源丰富，拥有万里长城、避暑山庄及寺庙、清东陵和清西陵3项5处世界文化遗产，省级以上文物保护单位数居全国前列。河北第三次全国文物普查成果丰硕，文物总量巨大，进一步奠定了文物大省的地位。

为发展壮大文化产业，河北省委、省政府相继出台了《关于加快文化事业和文化产业发展的若干政策》《河北省文化产业振兴规划（2010~2015年）》。2016年，河北省委办公厅、省政府办公厅印发《关于推动全省文化产业加快发展的若干意见》，省文化厅发布了《河北省文化产业发展"十三五"规划》。这些政策的出

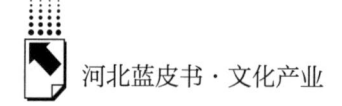

台，都说明河北省正在加快推进文化产业发展，实现文化产业振兴。

"十二五"时期以来，河北省文化产业政策体系逐步完善，文化产业呈快速健康发展态势，实力明显增强，实现了长足发展。2016年，全省文化及相关产业法人单位为40134家，比2015年增加6175家，增长18.2%；从业人员期末人数达到67.2万人，比2015年增加9.7万人，增长16.9%；企业单位营业收入为2435.8亿元，增长20.5%。文化产业增加值为1090.2亿元，比2015年增长13.5%，占全省生产总值比重达到3.40%，比2015年提高0.18个百分点，文化产业对经济发展的支撑作用进一步增强。

规模以上文化产业较快增长。2016年，规模以上文化产业单位为1506家，比2015年增加266家，增长21.5%；营业收入为1452.2亿元，同比增长17.1%，增速高于全部规模以上企业13.4个百分点；文化产业增加值达1090.2亿元，同比增长13.5%，占全省生产总值比重为3.40%，比2015年提高0.2个百分点。规模以上文化服务业营业收入达182.2亿元，同比增长36.7%，高于全部规模以上服务业27.9个百分点。

新兴文化产业蓬勃发展。2016年，全省新兴文化产业法人单位数、从业人员期末人数和企业营业收入分别比2015年增长27.7%、28.2%和40.4%。其中"文化创意和设计服务"与"文化休闲娱乐服务"两大行业法人单位数、从业人员期末人数和企业营业收入增幅均在20%以上。

文化特色小镇涌现。曲阳、蔚县、武强、平乡等地形成了各具特色的文化产业，石雕、剪纸、乐器、童车杂技等在国内外影响力不断增强。依托当地优势，初步建成了周窝音乐小镇、馆陶粮画小镇、大厂影视小镇等一批文化特色小镇。

### （二）旅游产业发展现状

1. 旅游资源富集

河北内环京津、外环渤海，区位优势独特，不仅拥有璀璨的历史文化，更有壮美的山川风光。河北省地质形态丰富，拥有海滨、平原、湖泊、丘陵、山地、高原等多种地质形态，是全国唯一兼有六种地质形态的省份，堪称中国地形地貌的缩影，吸引着全国各地的游客前来游玩。河北旅游市场需求旺盛，坐拥京津冀1.2亿人口的旅游消费市场，消费潜力巨大。京津冀协同发展也为河北旅游注入强大新动力。

2. 政策支持力度大

省委、省政府、文化和旅游部门出台了一系列相关政策文件，提出大力推进旅游业改革发展，促进旅游与文化产业的融合，通过融合发展大力推进旅游产业化。2015年，河北省政府出台《关于促进旅游业改革发展的实施意见》。2016年，河北省委、省政府出台《关于实施旅游产业化战略建设旅游强省的意见》，提出到2020年，实现由旅游资源大省向旅游经济强省的跨越。2016年，河北省政府工作报告也提出建立大旅游产业发展格局，把文化旅游产业打造成新的经济增长点和支柱产业。2017年1月，河北省政府发布《河北省旅游业"十三五"发展规划》，提出将旅游业培育成国民经济的战略性重要支柱产业。

### 3. 产业规模不断扩大

随着居民生活水平的提高，全省旅游业发展迅猛，产业规模不断扩大。2016年，全省旅游业发展步伐加快，接待海内外游客4.67亿人次，实现旅游业总收入4654.5亿元，分别比2015年增长25.5%和35.6%。其中，共接待国内游客4.65亿人次，创收4610.13亿元，分别同比增长25.56%和35.77%；共接待入境游客147.59万人次，创汇6.69亿美元，分别同比增长6.81%和7.59%。开启旅游扶贫新模式，全省有1650多个村开展乡村旅游，乡村旅游经营户达4.5万多个，8万多名贫困人口因此实现稳定脱贫。

### 4. 旅游业出现多种新业态

乡村旅游、健康养老旅游、农业观光旅游、文化旅游等旅游新业态不断涌现，成为河北省旅游经济增长的新引擎。各市、县纷纷打造特色鲜明的旅发大会，把旅游业打造成为当地战略性支柱产业。

综上所述，河北省文旅产业融合发展不仅具有丰富的资源和产业基础、政府的支持和重视，也有市场对高端文化和旅游的需求，文化和旅游产业新业态新模式的不断涌现，可以说，河北旅游和文化产业的深度融合发展具备了充分的条件和良好基础。

## 二 基于空间计量模型的旅游和文化产业融合现状分析

运用空间计量模型对全省11个地市2004~2017年旅游产业和2014~2016年文化产业的空间分布情况和空间集聚特征进行了描

述，进一步对11个地市旅游和文化产业两者融合发展情况进行详细分析，找出各自的发展规律和特点。

## （一）空间计量模型分析原理

空间自相关分析是检验某变量在特定空间位置上的属性值是否与其相邻空间位置上的属性值显著相关的常用方法。空间自相关可分为全局空间自相关（Global Spatial Autocorrelation）和局部空间自相关（Local Spatial Autocorrelation）两种，前者主要是检测变量的属性值在空间上是否具有相关性和规律性，而后者则主要是表示变量的属性值在空间上的聚集或者离散区域。

全域型（全局）莫兰指数（Moran's $I$）为：

$$I = \frac{n}{\sum_{i=1}^{n}\sum_{j=1}^{n}w_{ij}} \times \frac{\sum_{i=1}^{n}\sum_{j=1}^{n}(x_i - \bar{x})(x_j - \bar{x})}{\sum_{i=1}^{n}(x_i - \bar{x})^2} (i \neq j) \quad (1)$$

区域型（局部）莫兰指数为：

$$I_i = \frac{n(x_i - \bar{x})\sum_{j=1}^{n}w_{ij}(x_j - \bar{x})}{\sum_{i=1}^{n}(x_i - \bar{x})^2} \quad (2)$$

式中，$n$ 是观测数；$x_i$、$x_j$ 分别为变量在 $i$ 位置和 $j$ 位置的观测值；$\bar{x}$ 是所有观测值的平均值；$w_{ij}$ 是空间权重矩阵值。

全局莫兰指数大于0，表示空间正相关性，其值越大，空间相关性越明显；全局莫兰指数小于0，表示空间负相关性，其值越小，空间差异越大；全局莫兰指数等于0，表示空间呈随机性。

局部莫兰指数结合 LISA 聚集图（Local Indicators of Spatial Association）将空间分布划分为 4 个象限的集聚类型：第一象限为"高—高"集聚（HH），表示高水平的地区被高水平的其他地区所包围，相互的空间差异程度较小，存在较强的空间正相关，即为热点区；第二象限为"低—高"集聚（LH），表示低水平的地区被高水平的其他地区所包围，相互的空间差异程度较大，存在较强的空间负相关，即空间异质性突出；第三象限为"低—低"集聚（LL），表示低水平的地区被低水平的其他地区所包围，相互的空间差异程度较小，存在较强的空间正相关，即为盲点区；第四象限为"高—低"集聚（HL），表示高水平的地区被低水平的其他地区所包围，相互的空间差异程度较大，存在较强的空间负相关，即空间异质性突出。第一、第三象限表示正的空间相关性，是典型的空间聚集；第二、第四象限表示负的空间相关性，称为空间离群。

## （二）全局莫兰指数分析结果

表 1 数据显示，每一年旅游收入和文化产业增加值的莫兰指数均为负值，即在空间分布上分别呈现负相关，莫兰指数越小，空间差异越大。2004 年 11 个地市的旅游收入空间差异最大，2017 年差异最小，旅游收入的莫兰指数呈现逐年增大的趋势，说明各地市越来越重视旅游业的发展，各地市的差距也在逐年变小。虽然文化产业增加值只有 3 年的数据，但是莫兰指数的趋势和旅游收入基本相同，都呈现一个 V 字形，在 2015 年旅游收入和文化产业增加值的空间差异性突然增大，表明两个行业发展的相关度很高。

表1　不同空间权重下的莫兰指数

| 名称 | Rook | Queen |
| --- | --- | --- |
| 2004年旅游收入 | -0.356837 | -0.356837 |
| 2005年旅游收入 | -0.320077 | -0.320077 |
| 2006年旅游收入 | -0.214033 | -0.214033 |
| 2007年旅游收入 | -0.186671 | -0.186671 |
| 2008年旅游收入 | -0.187111 | -0.187111 |
| 2009年旅游收入 | -0.134421 | -0.134421 |
| 2010年旅游收入 | -0.0931913 | -0.0931913 |
| 2011年旅游收入 | -0.0758089 | -0.0758089 |
| 2012年旅游收入 | -0.0831489 | -0.0831489 |
| 2013年旅游收入 | -0.0578845 | -0.0578845 |
| 2014年旅游收入 | -0.0820667 | -0.0820667 |
| 2015年旅游收入 | -0.119247 | -0.119247 |
| 2016年旅游收入 | -0.0776085 | -0.0776085 |
| 2017年旅游收入 | -0.0564026 | -0.0564026 |
| 2014年文化产业增加值 | -0.0255163 | -0.0255163 |
| 2015年文化产业增加值 | -0.0456215 | -0.0456215 |
| 2016年文化产业增加值 | -0.0331168 | -0.0331168 |

## （三）局部莫兰指数散点图分析结果

由于全局莫兰指数的两个权重矩阵一致，因此仅选择rock权重矩阵分析局部莫兰指数。对2004~2017年河北省各市旅游收入和文化收入的莫兰指数散点图内容进行归纳，得到表2。

表 2　莫兰指数散点图象限归纳

| 名称 | 第一象限 | 第二象限 | 第三象限 | 第四象限 |
|---|---|---|---|---|
| 2004 年旅游收入 |  | 承德、邢台、唐山 | 保定、张家口、沧州、衡水 | 石家庄、秦皇岛、廊坊、邯郸 |
| 2005 年旅游收入 |  | 承德、邢台、唐山 | 保定、廊坊、张家口、沧州、衡水 | 石家庄、秦皇岛、邯郸 |
| 2006 年旅游收入 |  | 承德、唐山、张家口、沧州、衡水、廊坊 | 邯郸、邢台 | 石家庄、秦皇岛、保定 |
| 2007 年旅游收入 |  | 承德、唐山、张家口、衡水、廊坊、邢台 | 邯郸、沧州 | 石家庄、秦皇岛、保定 |
| 2008 年旅游收入 |  | 承德、唐山、张家口、衡水、廊坊、邢台 | 沧州 | 石家庄、秦皇岛、保定、邯郸 |
| 2009 年旅游收入 | 承德、秦皇岛 | 唐山、张家口、衡水、廊坊 | 沧州、邢台、邯郸 | 石家庄、保定 |
| 2010 年旅游收入 | 承德、唐山、秦皇岛 | 张家口、衡水、廊坊 | 沧州、邢台、邯郸 | 石家庄、保定 |
| 2011 年旅游收入 | 承德、唐山、秦皇岛 | 张家口、衡水、廊坊 | 沧州、邢台、邯郸 | 石家庄、保定 |
| 2012 年旅游收入 | 承德、唐山、秦皇岛 | 张家口、衡水、廊坊、邢台 | 沧州、邯郸 | 石家庄、保定 |
| 2013 年旅游收入 | 承德、唐山、秦皇岛 | 张家口、衡水、廊坊、邢台 | 沧州、邯郸 | 石家庄、保定 |
| 2014 年旅游收入 | 承德、唐山、秦皇岛、张家口 | 衡水、廊坊、邢台 | 沧州 | 石家庄、保定、邯郸 |
| 2015 年旅游收入 | 承德、秦皇岛、张家口 | 唐山、衡水、廊坊、邢台 | 沧州 | 石家庄、保定、邯郸 |
| 2016 年旅游收入 | 唐山、承德、秦皇岛、张家口 | 衡水、廊坊、邢台 | 沧州 | 石家庄、保定、邯郸 |

续表

| 名称 | 第一象限 | 第二象限 | 第三象限 | 第四象限 |
|---|---|---|---|---|
| 2017年旅游收入 | 唐山、承德、秦皇岛、张家口 | 衡水、廊坊、邢台 | 沧州 | 石家庄、保定、邯郸 |
| 2014年文化产业增加值 | 保定、沧州 | 衡水、廊坊、邢台 | 承德、秦皇岛、张家口 | 石家庄、邯郸、唐山 |
| 2015年文化产业增加值 | 保定 | 衡水、廊坊、邢台 | 承德、秦皇岛、张家口 | 石家庄、邯郸、唐山、沧州 |
| 2016年文化产业增加值 | 保定、廊坊 | 衡水、邢台 | 承德、秦皇岛、张家口 | 石家庄、邯郸、唐山、沧州 |

1. 石家庄市旅游业和文化产业均是一枝独秀

2004~2017年，石家庄市旅游收入始终在"高—低"的第四象限，明显高于周边城市，对周边城市存在正向辐射效应，2014~2016年的文化产业也是如此，无论是旅游业还是文化产业都是一枝独秀，二者融合度也较高，符合石家庄省会城市的特点。

2. 秦皇岛市旅游业从一枝独秀到空间集聚，文化产业却在盲点区

2004~2008年，秦皇岛市在"高—低"的第四象限，旅游业明显高于周边城市，在附近城市中一枝独秀，随着正向辐射效应的增强，从2009年开始，逐步带动承德和唐山一起进入第一象限，成为空间聚集区，也成为旅游热点区；但是2014~2016年的文化产业却始终处在"低—低"的第三象限，虽然也是空间聚集区，却是盲点区，说明秦皇岛市的文化产业与旅游业融合程度还比较低。

**3. 唐山市旅游业从空间异质区跨向热点区，文化产业一枝独秀**

2004～2009年，唐山市在"低—高"的第二象限，表示低水平的唐山市被高水平的其他城市所包围，相互的空间差异程度较大，存在较强的空间负相关，即空间异质性突出。从2010年开始，在周边城市秦皇岛的带动下，跨入"高—高"的第一象限，表示高水平的地区被高水平的其他地区所包围，相互的空间差异程度较小，存在较强的空间正相关，成为旅游热点区；2014～2016年的文化产业却始终在"高—低"的第四象限，明显高于周边城市，在附近城市中一枝独秀，说明唐山市的文化产业与旅游业融合度比较高，起到了相互促进、融合发展的作用。

**4. 邯郸市旅游业发展不稳定，在第四象限和第三象限之间跳动，文化产业一枝独秀**

2004～2005年，邯郸市在"高—低"的第四象限，旅游业明显高于周边城市，在附近城市中一枝独秀；2006～2007年，处在"低—低"的第三象限，也就是盲点区；2008年回到第四象限；2009～2013年，又处在第三象限的盲点区；2014～2017年，又回到了第四象限；2014～2016年的文化产业和旅游业一致，始终在第四象限，说明邯郸市的文化产业与旅游业融合度比较高，起到了相互促进、融合发展的作用。

**5. 邢台市、沧州市、廊坊市、衡水市的旅游业都处于较低水平，文化产业发展差异较大**

2004～2017年的14年中，邢台市、廊坊市、衡水市分别有10年、12年、12年都处在"低—高"的第二象限，表示与周边城市空间差异程度较大，存在较强的空间负相关。邢台市有4

年、沧州市有13年都处在"低—低"的第三象限也就是盲点区。说明这4个城市处于全省旅游业的凹地，亟待拓展各自旅游发展空间。2014~2016年的文化产业增加值数据看，邢台市和衡水市的旅游业一样，始终处于"低—高"的第二象限，发展水平也低于周边城市。廊坊市在2014年和2015年处于第二象限，但是到2016年跨入"高—高"的第一象限，与周边城市的空间差异程度明显减小。沧州市在2014年处于"高—高"的第一象限，与周边城市的空间差异程度较小，是文化产业的热点区，在2015年和2016年跳入"高—低"的第四象限，文化产业明显高于周边城市，在附近城市中一枝独秀，有很强的正向辐射效应，但是和旅游业的融合度较低，并没有带动旅游业的同步发展。

6. 张家口市在申办冬奥会后，旅游业跨入第一象限，文化产业还有待同步发展

2004~2013年，张家口市的旅游业始终在"低—高"的第二象限和"低—低"的第三象限之间徘徊，发展水平始终低于周边城市。2013年11月3日，中国奥委会正式致函国际奥委会，提出由北京市和张家口市代表中国申办2022年冬奥会，北京市承办冰上项目比赛，张家口市承办雪上项目比赛。从2014年开始，张家口市的旅游业跃居"高—高"的第一象限，成为旅游业的热点区，并对周边城市形成很强的正向辐射效应。不过，张家口市的文化产业发展比较滞后，始终处于"低—低"的第三象限也就是盲点区，与旅游业的融合度较低，还有待借助举办冬奥会的机会进一步加快文化产业的同步发展。

**7. 保定市旅游业从盲点区变成一枝独秀，文化产业是热点区**

2004年和2005年，保定市的旅游业处在"低—低"的第三象限也就是盲点区，从2006年开始，跃入"高—低"的第四象限，旅游业明显高于周边城市，在附近城市中一枝独秀，有很强的正向辐射效应。2014~2016年的文化产业始终在"高—高"的第一象限，是文化产业的热点区。说明保定市的旅游业和文化产业融合度较高，起到了相互促进、融合发展的作用。

**8. 承德市旅游业从空间异质区跨向热点区，文化产业却停留在盲点区**

2004~2008年，承德市旅游业处在"低—高"的第二象限也就是空间异质区，从2009年开始跨向"高—高"的第一象限，成为旅游业的热点区。2014~2016年的文化产业却始终停留在"低—低"的第三象限也就是盲点区，说明承德市的旅游业和文化产业融合度较低，还有待挖掘潜力，同步发展。

## 三 河北省旅游和文化产业融合发展面临的问题

通过现状及空间计量模型分析可以看出，河北省旅游和文化产业发展规模不断扩大，新业态新模式不断涌现，但也面临诸多问题，制约着旅游和文化产业的发展壮大。

### （一）文化产业增加值占地区生产总值比重偏低，规模偏小

河北省在文化产业发展理念、发展水平、竞争实力等方面与先进省份还有一定差距。在发展理念上，重加工生产轻内生增值、重

外延扩张轻创新驱动等问题依然突出。2016年河北省文化及相关产业实现增加值1090.15亿元，比2015年增长13.5%，高于同期全省生产总值增速6.7个百分点。文化及相关产业增加值占全省生产总值比重为3.40%，比2015年增加0.18个百分点。河北省规模以上文化企业数量不多，龙头企业和领军企业缺乏；文化产业项目规模小、实力弱、贡献率不高。

### （二）区域发展不平衡

全省11地市之间发展不平衡，差距巨大。石家庄和保定两市经济较发达，在旅游产业和文化产业方面具备良好的基础和条件，融合发展水平最高，成为全省文化旅游发展的前沿阵地和核心。2017年旅游总收入最高的市为石家庄市，达962.55亿元；最低的市是衡水市，为134.65亿元；2016年文化产业增加值最高的市是石家庄市，达257.6亿元；最低的市是秦皇岛市，仅为43.61亿元。石家庄、衡水、邢台和保定四市2016年文化产业增加值占全市生产总值比重均超过4%，最低的市仅为1.98%。

### （三）新兴文化产业和新兴业态发展滞后

"互联网+"与"文化+"融合发展不理想，动漫游戏、数字出版、网络文化产业等引领支撑能力相对较弱；文化资源利用率不高，文化产品创意不足、科技含量不高，品牌效应和国际影响力有待进一步提高。京津冀文化协同发展机制尚需完善，三地文化产业深度合作、共赢发展的空间需要进一步拓展。

## （四）文化与旅游融合发展水平较低

从总体来看，河北省旅游与文化产业融合发展水平较低。除石家庄市和保定市外，其他市均不同程度地存在旅游和文化两者发展不平衡、融合发展水平偏低的问题，文化、旅游"两张皮"现象依旧存在，两产业的相互支撑作用欠佳，文化产业的潜力没有得到充分挖掘，两者没有得到良好整合，仍有较大上升空间。比如张家口、承德和秦皇岛，旅游业发展较快，旅游业收入较高，文化产业增加值却处在全省最低水平。沧州市文化产业增加值较高，其旅游业收入却在全省最低区间内，旅游产业与文化产业发展水平差距显著。

## 四 促进河北省旅游和文化产业融合发展的主要建议

### （一）深度挖掘，找准文旅融合契合点

一要深入挖掘历史文化底蕴。多数旅游资源蕴含着优秀的传统文化内涵，河北省文化遗存丰富，成语典故、历史故事、文化名人众多，红色文化、皇家文化等题材丰富，加强对历史文化的开发研究，深度挖掘文化底蕴，盘活历史名人资源，激活文化元素，讲好河北故事，找准文化和旅游的结合点，加大文化与旅游的融合力度，展现河北魅力。

二要加强历史人文资源保护。深入挖掘历史文化遗存，积极培育文化旅游热点，实施文物文化旅游景区升级工程，加快建设河北

文化旅游品牌体系。

三要打造一批旅游文化产品。随着生活水平的提高，人们对旅游消费的需求也随之提高，希望在旅游的同时体验不同地域的特色文化。可以根据当地特色历史文化打造舞台剧、歌舞剧、音乐节等演艺产品。开发具有文化特色的主题公园、主题酒店、历史文化名村名镇等项目。

### （二）推进区域旅游一体化，实现区域平衡发展

根据各市文化旅游资源和产业特点，建立与周边省市的互动机制，实现文化和旅游资源的共享，通过良性融合互动和互补，有效发挥集聚和辐射效应，缩小各市之间的差异，实现全省旅游文化产业的平衡发展。

### （三）培育文化产业新业态新模式

充分利用互联网、物联网、大数据、人工智能等新技术，打造文化产业新业态新模式。融合当地产业基础、历史文化和旅游资源培育特色文化小镇，打造旅游产业新热点。随着移动互联网技术和移动支付技术的飞速发展，网络文学、网络音乐、网络教学等消费群体越来越大，它们将成为文化产业发展的新动能、新增长，要大力发展"互联网+文化"，加大创新力度，不断丰富产品服务形式与内容，培育数字文化产业。

### （四）配套促动，提升旅游品质

一要完善景区基础设施。加强旅游厕所、停车场、通信网络、

电动汽车充电桩等基础设施的建设,加快推进无线网络、3G、4G的全覆盖,建立游客服务中心,为游客提供更多的一站式服务。二要完善交通路网。加强城市与景区之间的交通设施建设,实现从机场、车站到主要景区公路交通无缝对接。逐步开通景区客运专线,在各景区间开通摆渡车辆,实现旅游路线合理布局、各旅游目的地安全畅通。三要提高信息化水平。打造智慧旅游管理,加快建设集电子商务、远程营销、智能监控于一体的旅游服务平台,使旅游服务线上线下融为一体。密切与携程网、途牛网、同程网等各大旅游网络合作,为游客提供宾馆预订、门票预订、旅游组团等服务。

# B.16
# 河北省文化创意和设计服务业与文化制造业融合发展与互动共赢的对策研究

邹玲芳*

**摘 要：** 文化创意和设计服务业是科技、文化与知识经济相融合的产物，具有高知识性、高价值性和高融合性等特点。文化创意和设计服务业与文化制造业属于文化产业的重要组成部分，二者融合发展与互动共赢，对促进经济发展方式转变、推动文化产业转型升级具有重要意义。本文以对河北的文化创意和设计服务业与文化制造业融合发展的现实意义进行的分析为基础，从产业基础、文化资源与制度保障等层面分析文化创意和设计服务业与文化制造业融合的现状和制约因素，探讨推进产业融合的模式，提出了建立制度环境、培育壮大文化企业机制、建立文化创意专业复合型人才培养体系等推进产业融合的实施对策和建议。

**关键词：** 文化创意和设计服务业　文化制造业　产业融合

---

\* 邹玲芳，硕士研究生，河北省社会科学院经济研究所副研究员，主要研究方向为产业经济。

十九大报告指出，中国经济已逐步从高速增长阶段向高质量发展阶段转向，目前正进入产业转型升级、创新发展、转换增长动力的关键时期。随着信息技术、新能源、新材料等领域的突破和融合发展，传统产业和新兴产业的融合发展逐渐加快，形成了产业多元化、交叉融合发展的新格局。文化创意产业作为战略性新兴产业，是科技、文化与知识经济相融合的产物，成长速度较快，产业渗透力和辐射力强劲，已成为文化产业发展的新引擎。文化创意和设计服务业不但具有高知识性、高价值性和高融合性等特点，还具有低能耗、低污染等特征，这是提升河北文化软实力的重要支点。推动文化创意和设计服务业与文化制造业融合发展与互动共赢，加快河北创意文化产业的创新，以河北特色文化资源为基础，探索出融合文化创意和设计服务业与文化制造业、文化特点亮点凸显的道路，形成独具特色的融合模式，是进一步引导实践文化创意和设计服务业与文化制造业全方位、深层次、宽领域的融合发展，推动河北文化产业持续发展的战略选择。

## 一 文化创意和设计服务业与文化制造业融合发展的现实意义

文化创意产品具有附加值高、涵盖面广、产业链长的优势，处在文化产业价值链中的高端环节。其中，文化创意和设计服务业与文化制造业融合发展与互动共赢是重要环节，不仅有助于促进新的文化产业链形成，而且有助于对相关产业带动发展，也有利于促进产业结构优化，形成新的经济增长点。加快文化创意和设计服务业与文化制造业融合发展，对产业结构转型，提高文化产业的竞争力具有十分重要的意义。

### （一）文化创意和设计服务业与文化制造业的概念和内涵

国家统计局在《文化及相关产业分类（2018）》中依然保留文化制造业、文化批发和零售业、文化服务业三个产业类别的划分。具体包括九大门类，其中文化核心领域主要涉及新闻信息服务、内容创作生产、创意设计服务、文化传播渠道、文化投资运营、文化娱乐休闲服务，文化相关领域包含文化辅助生产和中介服务、文化装备生产、文化消费终端生产。

文化创意产业指以创意人的智慧、技能、天赋为基础，通过创意理念、高新技术和知识产权保护等途径，对传统文化资源进行提升改造，进一步创造具有高技术含量、高附加值的文化产品的相关产业。文化创意和设计服务业属于知识密集型、智慧主导型产业，是人的天赋、知识、智慧、灵感在特定行业的物化体现。根据《文化及相关产业分类（2018）》，文化创意和设计服务分为两大类，即广告服务和设计服务。其中广告服务涉及互联网广告服务、其他广告服务；设计服务涉及建筑设计服务、工业设计服务、专业设计服务。

文化制造业作为文化的相关领域，是文化产业的重要组成部分，主要包括文具、工艺美术、包装印刷等传统文化产品制造业，以及版权、会议展览等新兴文化产品制造业。文化制造业涵盖工艺美术品制造、园林、陈设艺术及其他陶瓷制品制造、印刷复制服务；印刷设备制造、广播电视电影设备制造及销售、文具制造及销

售、笔墨制造、玩具制造、节庆用品制造、信息服务终端制造及销售等多种16大门类48小类。

文化创意产业作为文化产业的重要领域，主要生产具有高附加值的文化创意产品，这需要通过以文化资源和创意理念为核心，借助信息技术、传播技术等高新技术，以文化创意加上科技为核心，以文化创意和设计服务业加上文化制造业的融合发展为支撑，为加快文化产业发展提供新的动力。

### （二）文化创意和设计服务业与文化制造业融合发展及互动共赢的现实意义

从国家政策层面以及现实经济发展趋势看，文化创意和设计服务业与文化制造业融合发展，既是文化产业升级的需要，也是突破文化产业发展瓶颈的必然选择。

1. 推进文化创意和设计服务业与文化制造业融合发展，极大地促进了两者融合发展相关政策的出台

文化创意和设计服务业与文化制造业融合发展的相关政策逐步完善，是加大对文化创意产业的发展的支持力度，打造文化产业竞争优势的重要支撑。2009年，国务院发布的《文化产业振兴规划》中文化产业被纳入国家的战略性产业重点发展产业，文化创意和设计服务业与文化制造业融合发展合作也被提上日程。2012年，文化部印发的《文化部"十二五"时期文化产业倍增计划》中提出为快速提升文化产业的附加值，应加强文化产业的跨界融合力度。2014年，《关于推进文化创意和设计服务与相关产业融合发展的若干意见》发布，在提升消费类产品设计和研发

能力、创新文化产业的管理经营模式、加快数字内容产业发展等方面提出指导意见。要进一步推动动漫、游戏等产业的发展优化，将其打造为文化产业的品牌。加快文化产业中的新兴行业如数字电视终端制造业、数字家庭产业、内容服务业等融合发展，提升文化全产业链竞争力。2015年，国务院发布的《关于积极发挥新消费引领作用加快培育形成新供给新动力的指导意见》指出，通过实施企业技术改造提升行动计划，鼓励创新科技、文化产业和信息化平台的跨界融合，推动传统产业创新提升，推动"中国制造"向"中国创造"转型。

为更好地促进河北省文化产业与相关产业融合发展，加快文化产业结构优化、促进文化产业转型升级，河北省也相继出台了一系列政策文件，对文化产业的创业创新、互联网、公共文化服务等领域发展进行引导，推进文化创意和设计服务业与文化制造业融合发展。2016年，河北省印发《河北省文化产业发展"十三五"规划》，提出重点发展包括文化创意和设计服务业、文化旅游业、出版印装业、文化装备制造业等11个产业。2016年，河北省印发《关于推动文化文物单位文化创意产品开发的实施意见》，加快文化创意产品开发进程。为推动文化产业转型升级和高质量发展，促进文化产业跨界融合发展，河北举行了多次"河北省文化创意设计大赛"。2018年，石家庄市政府发布《石家庄市推进文化创意和设计服务与相关产业融合发展行动计划（2014~2020年）》，提出将全力把省会建成全省最具活力的文化创意之都，力争到2020年，全市文化创意产业增加值达到450亿元，占全市生产总值比重达到6%。近年来河北出台多项文化产业发展的优惠政策，表明了河北

对发展文化产业的重视和扶持，有助于提升文化创意和设计服务业与文化制造业融合发展的动力。

2. 推进文化创意和设计服务业与文化制造业融合发展，有利于优化产业结构，提高产业竞争力

信息技术、互联网科技的飞速发展，给产业发展带来了深刻变革，尤其是数字技术创意、文化创意设计等新兴产业与文化制造业的融合发展，完善了制造业的产业链，产业结构也因此优化，有力拓展了产业发展的深度和广度，提高产业竞争力。文化创意和设计服务业与文化制造业融合发展，在产业发展诸多方面起到了互动双赢的效果。挖掘传统文化价值，提炼传统文化内涵，通过文化创意设计与文化制造业的研发、设计相结合，形成文化创意产品的创新设计，将有效提升文化制造业的经济效益，增加文化创意品牌的附加值。如对传统文化、民俗进行创新开发，通过新技术、新艺术形式生产的文化创意旅游产品，达到以文化创意产品促旅游发展、以旅游产业滋养文化创意产业的双赢效果。文化创意和设计服务业与文化制造业融合发展的推进，有利于支持制造业的转型升级，产业结构更趋多样化；有助于优化产业结构，增强产业实力。

3. 推进文化创意和设计服务业与文化制造业融合发展，有利于提高制造业整体水平，加快区域协同发展

文化创意和设计服务业与文化制造业融合发展就是以产业的文化理念、价值诉求、科技创意融入制造业的研发、设计、品牌价值提升的过程，如工业设计既是制造业的专业化分工又是文化创意产品的具体呈现。二者的密切合作，一方面能够提高制造业生产率、

技术创新水平，另一方面有助于实现区域间文化创意产业上下游产业的资源整合与联动。在加快京津冀区域间经济、文化合作的同时也增强了区域间的竞争效应，引导京津冀区域的科技、资本、人才等资源更趋向合理配置，推动京津冀文化创意产业协同发展的新格局。2017年，京津冀共同签署《京津冀文化产业协同发展行动计划》，有效推进文化资源整合提升的效率，三地文化产业的要素资源有序流动和文化市场开放互通以及文化产业发展的分工协作，加快京津冀区域的协同发展。

## 二 河北省文化创意和设计服务业与文化制造业融合发展的现状和制约因素

河北文化创意产业发展迅速，文化及相关产业增加值保持平稳快速增长，在推动经济高质量发展中发挥了重要作用，但也面临着规模效益不突出、产业结构不合理、区域发展不平衡等诸多问题。

### （一）河北省文化创意和设计服务业与文化制造业融合发展的现状

1. 文化信息服务产业与文化制造业发展态势良好，融合发展潜力巨大

河北省高度重视文化产业的发展，出台多项发展扶持政策，实施文化产业的项目带动战略，创意设计、动漫、新媒体等新兴文化创意和设计服务行业发展加速，已成为文化产业发展的

新亮点。文化创意产业呈现繁荣发展的良好局面，文化创意和设计服务业和文化制造业融合发展成为文化创业的重要方向之一。从文化产业主要行业看，文化艺术服务业增速最高，2017年实现营业收入4.8亿元，同比增长176.6%；其次是文化信息传输服务业，实现营业收入42.4亿元，同比增长14.1%。2017年，文化产业实现营业收入2174.11亿元，其中，文化制造业实现营业收入1126.65亿元，占全部营业收入的52%；文化批发和零售业实现营业收入499.04亿元，占全部营业收入的23%；文化服务业实现营业收入548.42亿元，占全部营业收入的25%。由此可见，文化制造业的营业收入在河北文化产业中占据较大优势。从文化产业的法人单位数和从业人员期末人数方面看，文化服务业占的比重较大，其法人单位数占文化产业单位数的68%；从业人员期末人数占文化产业从业人员期末人数的48%。文化创意和设计服务业和文化制造业的融合发展具有巨大潜力。

2. 文化产业融合发展的资源优势逐步扩大，扶持产业融合发展的力度逐步加大

一是河北省的文化创意产业投资规模逐渐上升，文化产业融合发展的资源优势逐步扩大。比如，河北重点建设项目计划的文化类项目数量逐年递增，2016年至今确定年度重点文化产业项目117个，总投资166亿元；从多方面加大扶持力度，设立了省级文化产业发展引导资金和省级文化产业股权投资基金，2017年两类资金规模分别达到3亿元和15亿元。二是文化创意和设计服务业与文化制造业融合发展的趋势日益显现。截至2017年，河北文化类高

新技术企业达162家，文化创意类科技型中小企业有3000多家，共建设各类众创空间近300家，科技企业孵化器有170家。2017年，河北共有"文化金融扶持计划""支持特色文化产业发展"等专项计划项目获得1120万元资金的支持。

3. 借力京津冀协同发展的机遇促进跨行政区域的产业合作，助推河北文化产业与相关产业融合发展达到较高水平

一是在京津冀协同发展的大背景下，京津冀文化产业园区联盟成立，对实现京津冀三地文化产业跨区域合作环境的优化、合作模式创新、三地文化产业对接、构建京津冀文化产业联盟的模式进行了探索。2016年北京文博会中，京津冀三地签约的文化协同发展项目约有80个，签约额达到165亿元。二是借力借智挖掘河北文化资源，在进行区域合作的过程中，积极实践文化与相关产业的深度融合，在信息技术、互联网技术、文化旅游产品开发、体育产品制造营销、工业旅游、农业旅游开展了深度融合，大大延长了文化创意和设计服务业与文化制造业融合发展的产业链。三是在京冀合作筹办2022年冬奥会过程中，河北深入挖掘打造"冰雪文化"，推进体育产业、节庆产业、冰雪文化产业等融合发展，谋划实施了阳光冰雪节、太舞四季文化旅游区、奥林匹克冰雪文化谷等一批重点文化体育项目，促进了全省文化创意服务业与文化制造业融合发展。

## （二）河北省文化创意和设计服务业与文化制造业融合发展的制约因素

融合发展滞后、行业覆盖面不广、文化创意产业的规模偏

小、产业结构不合理、融合发展的深度和广度不足、区域发展不平衡等诸多因素制约河北文化创意和设计服务业与文化制造业融合发展。

1. 文化创意产业的规模偏小，产业结构合理配置的空间较大

首先，河北虽然拥有丰富的文化资源，文化产业发展初显成效，但与北京、天津等地的文化创意产业相比较，融合发展的力度还有一定差距，其市场规模也偏小，产业结构合理配置的空间较大。2016年，北京市文化创意产业实现增加值3570.5亿元，占地区生产总值的14.3%，对地区生产总值的贡献率达到20.3%。而河北省文化产业"十三五"规划提出，力争到2020年全省文化产业增加值达到2000亿元左右，占生产总值的比重超过5%，从文化创意产业规模看所占比重会更小，与北京的差距巨大。河北的文化创意产业发展的整体效益偏低，整体实力和竞争力与京津相比还有较大差距，仍需加快文化创意产业发展。其次，文化创意产业中偏重传统行业，新兴文化产业和新兴业态所占比例较低，占比不到30%，产业结构合理配置的空间较大。河北的文化创意产业发展还需要进一步提升，相应的文化创意和设计服务业与文化制造业融合发展的进展较慢，应加快文化创意与科技融合发展，推进文化创意产品创新和品牌打造力度。

2. 文化创意和设计服务业与文化制造业融合发展深度和广度不足

文化创意和设计服务业作为新型、高融合的服务业，是与其他产业关联度紧密的行业。文化创意产业园区作为文化产业发展的重要载体，对文化创意和设计服务业与文化旅游业、体育娱乐、休闲农业等相关产业在融合发展的过程中发挥了重要

作用。目前，河北文化文化创意和设计服务业与文化制造业融合发展深度和广度不足，其融合的效应还不够强。一是产业链融合的广度不够，文化创意产业与文化制造业融合发展没有产生较大较强的辐射带动效应。民众在文化产品和服务的消费过程中还需要体验更多的文化创新创意。二是产业融合的深度不够，文化创意设计层次不高，文化资源整合不足，文化旅游产品开发模式较简单，容易出现同质化竞争。如文化旅游主要成为观光度假；休闲农业主打农家乐、采摘活动；工业设计和数字内容成为来样设计、来料加工，创意设计层次难以提高。文化创意和设计服务业与文化制造业融合发展取得实质性突破，还需要二者的深度融合。

3. 文化创意和设计服务业的复合型人才缺乏

首先，文化创意和设计服务业迅速发展，创意和设计服务业的专业人才却缺乏。在文化领域，文化创意产业与相关产业跨界融合发展成为新的趋势，文化创意产业与教育、科技、建筑、制造等各种产业相互渗透，对文化领域中的文化创意和设计服务的复合型人才提出新的更高要求，既要有文化创意和设计的理论修养，又要掌握实践经验，培养这样的高端复合型人才已成为推进行业发展的任务之一。其次，相较于其他省份，河北还存在一个软肋，就是京津对河北人才产生"虹吸效应"。京津在高层次人才聚集和高新技术研发上具有全国其他地区难以比拟的优势。文化创意和设计服务业与文化制造业都属于人才和技术密集型行业，高端复合型人才缺乏必然制约河北文化创意和设计服务业与文化制造业的融合发展。

## 三 河北省文化创意和设计服务业与文化制造业融合发展与互动共赢的模式

产业融合既是产业创新，也是产业间分工的内部化的动态过程。以现代技术为推动力，加快文化产业链的构建延伸，实现文化资源的共享和再利用，最终使得文化创意和设计服务业与文化制造业都能够创新发展，融合共赢。

### （一）文化创意和设计服务业与文化制造品融合模式

具有特定历史价值的文化制造品，其内在价值和内涵容易被忽略。文化制造业正进行转型升级，除了利用技术革新提高文化制造业的效率与品质外，另一条重要途径是推动文化创意设计适应、激发、引导市场需求，通过"文化创意设计＋文化制造品"的共同融合模式，拓展并完善文化创意产品的研发设计、品牌营销等环节，进而提升文化创意产品的附加值，不断提高文化创意和设计服务能力，充分发挥文化创意和设计服务对文化制造业的促进作用。

河北的华莹玻璃工艺品和藁城宫灯，正在探索实践创意设计服务业与传统文化制造品融合的路径，注重推动民族文化元素与现代设计有机结合，增加消费品的文化内涵和附加值，开发具有民族风格和特点的自主设计产品。得益于文化创意设计服务业与文化制造业的融合，河北博物院、河北省图书馆基于馆藏资源，精心设计开发出一系列古典传统与现代时尚元素相结合，既具艺术性又具实用性的现代生活文创产品。目前，河北博物院开发了文物复仿等8类700余种文创产品；河北省图书馆已试开发出冀图诗笺、冀图书笺系列等151种文创产品。其"文化创意设计+文化制造品"模式已成为文化创意产业融合的基本模式。

## （二）文化创意和设计服务业与文化制造企业融合模式

文化制造业的龙头企业通过对新技术、新材料、新工艺、新装备等创意设计服务，促进传统文化产品设计向高端文化创意设计转变，在更广泛的领域推动文化创意和设计服务业与文化制造企业融合产业链的延伸。这些企业凭借对文化产业链的掌控能力以及对产业发展的前瞻性认识，通过打造文化创意行业综合服务平台，实现从单纯的文化产品制造企业向行业综合服务运营的转型。河北雅图数字印刷有限公司通过"传统印刷+IT技术+文化艺术"模式，挖掘唐代制作工艺，采用国际领先设备和数字微喷印刷系统将其复原，制作具有龙鳞般效果的《兰亭序》，实现了创意设计与现代数字技术结合，开发高端艺术印刷服务和文化创意产品体验。2018年，河北出版传媒集团在深圳文博会推出了"哇阿儿童智慧课堂"，展现了先进的AR技术、实时互动的3D效果、虚拟和现实无缝对接的现代文化创意产品。得益于创意设计服务业与文化制造企业的融合发展，河北出版传媒集团目前已拥有6家新兴业态企业，实施40多个数字业务项目，在线用户超过1000万人，有效推进了文化创意行业综合服务平台建设，促进了传统出版产业的数字化转型升级。

### （三）文化创意和设计服务业与文化制造园区融合模式

随着文化产业的发展以及传统文化制造业转型升级的推进，文化制造企业逐渐形成产业聚集，这需要诸多方面的配合，以文化产品制造为基础，以文化资源地理位置优越性为载体，以文化品牌影响力为助力，以文化创意和设计服务业融合为抓手，才能在文化产业发展中脱颖而出，聚集发展成形式、内容多样的文化创意产业园区。文化创意产业园是整合各种优势文化资源、提升文化创新能力、实现文化创意产业与传统文化制造业的对接、催生新的产业业态的重要途径。如中国曲阳雕塑文化产业园作为国家级文化产业试验园区，已成为以展示雕塑文化为主题，集工业、文化、旅游于一体的多功能传统文化人文景观。承德市21世纪承德避暑山庄文化旅游产业园获得国家级文化产业示范园区创建资格。

### （四）文化创意和设计服务业与高端文化制造业的融合模式

高新技术在推进文化制造业快速发展中有着重要作用，现代高新技术的突破既给社会经济发展带来巨大影响，也同样为文化创意产业的发展提供新的方向和增长点。如各种文化主题乐园在建设过程中文化产品的创意、设计、制造、营销等一系列进程都需要高端文化制造业参与其中。"互联网+文化创意"也是文化创意和设计服务业与文化制造业融合的具体的实践体现。如数字媒体与动漫产业、网络游戏产业等新兴文化产业的繁荣与"互联网+"的发展息息相关。"互联网+"以大数据、云计算为文化创意产业与文化制造业的融合、互动发展提供新的平台。河北传媒学院文化创意产业园打造的智行创意公社、动漫孵化园、众创梦工厂、各文化娱乐综合体等文创集群，形成了文化产业新的增长点。金大陆文化产业集团作为国家级文化产业示范基地，掌握了古迹复原、互动投影、电子沙盘、幻影成像、环幕系统等高科技展览技术，成为国内文博展览展示的龙头企业。

## 四 文化创意和设计服务业与文化制造业融合发展与互动共赢的对策

文化创意和设计服务业与文化制造业融合发展的实践，一方面说明文化创意产业与相关产业融合发展有着产业发展的内在需求与趋势；另一方面也证明文化创意和设计服务业与文化制造业存在显著的互动融合关系，突出表现在改善区域产业结构、助推经济发展、提高文化产业的竞争力等方面。据此，应结合河北文化资源和文化产业发展态势，发挥文化制造业优势，推进创意设计服务业与文化制造业融合发展。

### （一）强化政府主导，统筹规划融合发展的制度环境

文化创意和设计服务业与文化制造业的融合是文化创意产业与相关产业融合发展到一定程度的创新性产业，需要建立适合创意设计服务业与文化制造业融合发展的制度环境。由政府主导，河北文化发展主管部门应为文化创意产业与相关产业融合发展提供制度保障和相应的政策措施。首先，以文化部门为主体，建立

文化创意和设计服务与相关产业融合发展联席会议制度，逐步健全文化产业协同发展政策及管理体系，统筹推进有关工作。其次，注重制定文化产业发展的政策，完善相关法律法规，要关注文化创意产业融合发展，在文化教育基金、财税优惠、专项资金以及企业创新等方面提供支持，促进政府加强在知识产权、专利保护以及规范竞争环境等方面监管的力度。最后，制定文化创意和设计服务业与相关产业融合发展的规划，以文化创意产业发展具体进程为基础，为文化产业的融合发展打造良好的政策环境。引导文化产业结构优化升级，组织实施文化创意和设计服务促进文化制造业振兴的计划，以行业联盟、组织为基础，整合行业资源、协调行业利益，为文化创意产业的融合发展打造良好的产业政策环境。

### （二）建立培育壮大文化企业机制，创新文化产业融合发展新模式

推进文化创意和设计服务企业与文化制造企业战略合作，通过多种股权式联盟，实现区域间、行业间文化创意产业的合作、融合、延伸的发展模式。通过文化创意创新、文化项目建设带动、文化创意园区提升，发挥文化创意和设计服务企业与文化制造业的融合带来的优势，壮大文化企业，培育领军文化企业，提升产业融合发展对文化产业发展的支撑。鼓励和引导文化产品制造企业通过提高文化创意产品的内涵和价值，打造具有地域特色和知名度的创意文化品牌。依托优势文化资源，合理配置市场和政府间支持力量，实施中小企业成长工程，支持创意设计、广告

设计等专业化创意和设计企业向"专、精、特、新"方向发展。建设各类文化产品电商服务平台和产业战略联盟，创新文化产业融合发展新模式。目前，正在有序推进河北文化产业大数据平台、石家庄文化消费网、河北特色文化产品网、河北乐聪云创文化创意大数据平台等电商服务平台建设。2018年，石家庄新培育即将入统的文化企业有30多家，预计到2020年规模以上文化企业总数达350家以上。

## （三）建立文化创意专业复合型人才培养体系

重视河北文化产业的高端、复合型文化产业人才培养。以文化产业发展为导向，整合资源，发挥优势，重点培养文化创意研发设计、管理、营销经纪等各层次人才，造就高素质、专业化、复合型的文化人才队伍。建立文化创意专业复合型人才培养体系，要全方位、多渠道培养创意人才队伍，提供文化创意产业融合发展的智力支撑。依托京津冀重点院校、研究机构等智力资源优势，探索企业与大学、院所联合，建设文化创意人才培训基地。2018年，河北省文化创意职业教育集团正式成立，以文化创意人才培养为核心，打造文化创意产业新型人才培养模式。制定更加个性化的文化创意人才评价体系和标准，成立文创产业项目评估委员会，对文化产业企业、项目、人才等进行评估认定。到2020年，河北将在全省建千名优秀人才的人才库，评选出150名优秀出色的文化创意人才。健全文创人才引进体系，加大文创领军人才支持和引进力度，实现文化创意人才培养和交流的良性互动。

**参考文献**

周锦：《产业融合视角下文化产业与制造业的融合发展》，《现代经济探讨》2014年第11期。

刘钧霆、曹立华：《推进文化创意和设计服务与制造业融合发展分析——以辽宁省为例》，《辽宁大学学报》（哲学社会科学版）2017年第2期。

程惠英：《文化创意产业与制造业融合发展的路径探究——以安徽省为例》，《经济论坛》2016年第5期。

杨剑飞：《制造业发展要融入"文化创意"》，《中国国情国力》2017年第12期。

河北省人民政府：《河北经济年鉴（2017）》，中国统计出版社，2017。

石家庄市人民政府：《石家庄市推进文化创意和设计服务与相关产业融合发展行动计划（2014~2020年）》，2014年6月21日，http://www.sjz.gov.cn/col/1496388978824/2017/06/02/1496137446.html。

张弘、昝杨杨：《文化创意产业的融合机制研究——以北京市为例》，《企业经济》2018年第6期。

# B.17 经济欠发达地区旅游扶贫实证研究

——以张家口蔚县为例

李会霞*

**摘　要：** 蔚县旅游资源十分丰富，2016年2月被国家旅游局确定为国家全域旅游示范区创建单位。但同时蔚县的脱贫任务也十分艰巨，是国家扶贫开发重点县、"燕山－太行山"特困片区县、环首都扶贫攻坚示范县。本研究从蔚县旅游资源状况和贫困状况分析入手，提出了"以点带轴带片"相结合、旅游扶贫与县域三次产业发展全面融合等旅游扶贫的基本思路和发展重点，以及加大政策扶持力度创新旅游营销方式和加强人力资源培训等相关保障措施，为蔚县经济发展和群众脱贫致富开辟了新途径，同时也为我国其他经济欠发达地区脱贫攻坚提供了有益借鉴和参考。

**关键词：** 欠发达地区　旅游扶贫　人才引进

蔚县古称"蔚州"，位于河北省西北部，东临北京，南接保定，西

---

\* 李会霞，现任河北省社会科学院经济研究所、河北省文化研究中心副研究员，主要从事区域经济和产业经济等方面研究。

倚山西大同，北枕塞外古城张家口。蔚县地处三山（恒山、太行山、燕山）交汇处，属冀西北山间盆地，恒山余脉由晋入蔚，分南北两支环峙四周，壶流河由西向东折北流经县域，形成了明显的南部深山、中部河川、北部丘陵三个不同的自然生态区域。蔚县是文化大县、资源大县，也是国家级贫困县。全县总面积为3220平方公里，辖11镇、11乡、561个行政村、238个自然村，总人口为48.9万人，是张家口地区扶贫攻坚的重要县（区）之一。由于历史条件和自然地理等诸多因素的影响，这一地区一直是"山多、地少、落后"的代名词。

近年来，随着蔚县煤矿产业的低落，蔚县亟须重新定位，实现农民致富、脱贫攻坚，旅游扶贫开始走进蔚县。以发展旅游业带动经济欠发达地区脱贫致富，是近年来旅游部门主动参与扶贫工作的创举，也是从实践中总结出的推动旅游业深入发展的新思路。它不仅为我国经济欠发达地区的发展和农民群众的脱贫致富开辟了新途径，也为我国旅游经济的持续发展找到了一个新增长点。目前来看这是一种投入少、见效快、效果好、返贫率低、贫困地区的群众能获得经济实惠的绿色脱贫方式。

## 一 蔚县旅游扶贫的现实基础

### （一）旅游资源丰富

蔚县拥有"全国文化先进县""中国剪纸艺术之乡""中国民间艺术之乡""中国最佳民俗文化旅游城市""河北省历史文化名城"等诸多荣誉称号。近年来，蔚县旅游业不断发展，现已初具规模，目前，已建成国家4A级景区1个——小五台·金河景区，3A级景区4个——飞狐峪·空中草原景区、暖泉古镇景区、蔚州古城景区及壶流河·龙湖湾景区，2A级景区1个——活阳山·老君洞景区，呈现良好的发展态势。特别是2016年2月蔚县被国家旅游局确定为国家全域旅游示范区创建单位，更是对旅游扶贫发展起到积极的促进作用。

1.生态优美，自然风光千姿百态

蔚县自然风光优美、生态资源丰厚，森林覆盖率为29%。南部深山区有34万亩天然林，生长有1310余种植物和47种动物；北部丘陵区沟壑纵横、疏散有致，地下蕴藏着丰富的矿产资源；中部河川区是塞外著名的"米粮川"。各具特色的"蔚州八景"，即台山晓日、金河晴月、壶流春涨、石岭秋云、凤台新雨、石门浓岚、池桥柳烟、河堤春茵，驰名关内外。丰富的自然风光为旅游扶贫开发带来了得天独厚的优势条件。

2.历史厚重，文化遗产星罗棋布

蔚县拥有文物遗存1610处，其中，古建筑1137处、古遗址380处、古墓葬65处、石刻（窟）14处、近现代重要史迹及代表性建筑17处。现有重点文物保护单位142处，其中，国家级文物保护单位22处、省级文物保护单位23处、县级文物保护单位86处，是全国第一国保大县。古城堡、古民居、古戏楼、古寺庙星罗棋布，被誉为"河北省古建筑艺术博物馆"。古"八百庄堡"至今仍保存完好345座，暖泉镇、代王城镇为"中国历史文化名镇"，北方城、上苏庄为中国历史文化名村，北方城、南留庄、北官堡、西古堡、上苏庄、水东堡、水西堡、曹疃、白后堡等37个村列入"中国传统村落"名单，蔚州古城为"中国历史文化名城"和"河北省历史文化名城"，宋家庄镇为"河北省历史文化名镇"，石家庄村为"河北省历史文化名村"，每年都吸引无数背包客古堡探秘、行摄蔚州。

3. 民俗独特，非物质文化遗产聚集

目前，蔚县共有五级"非遗"项目98项、"非遗"代表性传承人59人，成为河北省第一"非遗"大县。其中，世界级"非遗"项目1项（蔚县剪纸）、国家级3项（蔚县剪纸、蔚县秧歌、蔚县拜灯山）、省级8项（蔚县剪纸、蔚县秧歌、拜灯山、打树花、蔚县古民居建筑艺术、高跷戏、青砂器制作工艺、蔚县灯影戏）、市级33项、县级98项。2006年，蔚县剪纸被评为第一批国家级非物质文化遗产。2009年，蔚县剪纸被联合国教科文组织列入"人类非物质文化遗产代表作名录"；同年，与苏绣、钧瓷并列成为中国三大城市（民俗）名片之一。2010～2018年已举办中国剪纸艺术节七届。到2015年底，完成投资5亿元，建成了中国剪纸第一村、中国剪纸第一街、中国剪纸艺术团、中国剪纸艺术学校、中国剪纸艺术博物馆、蔚县剪纸传承保护体验中心等项目，构成了剪纸产业"展示—营销—基地—培训"的完整链条，形成了国内独一无二的剪纸产业集聚区，2014年入选河北省文化产业"十大集聚区"，吸引国内外游客78.7万余人次，进一步叫响了"世界剪纸看中国、中国剪纸看蔚县"的品牌。2015年蔚县剪纸及剪纸相关产业增加值达3.6亿元，占全县生产总值的4%；2016年全县完成文化产业增加值41013万元，占全县生产总值的4.8%。

蔚县秧歌被誉为"中国北方戏曲的活化石"，郭沫若先生曾评价其为"百花丛中一点红"。凝聚起一团火，打出去满天星，蔚县打树花驰名天下，成为河北、张家口、蔚县的一张靓丽名片。近年来，蔚县还先后新建改建开放了小五台自然博物馆、廉政文化博物馆、文蔚书院博物馆、常平仓古粮仓博物馆、蔚县中医药博物馆、蔚州寺庙博物馆等博物馆群，投资1.5亿元、建筑面积1.2万平方米的蔚州博物馆于2017年1月开放。蔚州百工图壁画享誉海内外。泥河湾遗址是200多万年前古人类活动场所，埋藏着丰富的哺乳动物化石和大量旧石器时代考古遗迹，是世界上剖面最多、保存最完好、国际地质考古界公认的第四纪标准地层，被评为中国20世纪100项考古重大发现之一。

4. 年节文化浓郁，美食名扬天下，备受称赞

"到蔚县过大年"成为京津地区旅游业界对蔚县的第一印象，"拜灯山""闹元宵"等闻名全国，被誉为"中国北方年节之都""中国十大最具年味的地方"。从2011年开始，以"火红的蔚州·红火的年"为主题，已连续举办八届的蔚县民俗文化旅游节2017年被评为中国优秀民族节庆"最具民族特色节庆"。从腊月初八至二月初七，从蔚州古城、暖泉古镇到蔚州古堡，激情演绎中国式狂欢节，闹社火、看大戏、赏花灯、品小吃，游古城，逛古镇、打树花、拜灯山，看剪纸、拍青砂、摆灯阵、点旺火，热闹非凡，游客云集。2018年首届"红红红火中国年"张家口年俗国际旅游节暨第八届蔚县民俗文化旅游节（腊月初八至二月初二）期间，全县共接待国内外游客154.1万人次，实现旅游收入100165万元，再创历史新高。舌尖上的蔚县同样精彩，凉粉、豆腐干、荞面饸饹、八大碗、炸糕、豆面糊等蔚县小吃备受赞誉，蔚县美食走红天下。

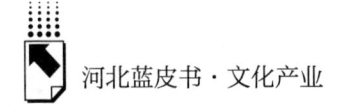

**5. 物产丰富，基础设施接待条件日臻完善**

全县杏扁种植面积达60万亩。每年4月中旬，全县漫山遍野开满杏花，美到极致。2015年全县杏扁产量为5063吨。蔚州贡米、蔚州杏扁为国家地理标志保护产品。北部丘陵面积为1118平方公里，平均海拔1000~1500米，煤田面积为264平方公里，已探明储量14.93亿吨，远景储量达24亿吨，素有"燕赵煤仓"之称，是全国100个重点产煤县之一。旅游接待条件日臻改善，目前，全县四星级酒店2家、三星级酒店1家、二星级酒店1家，涉旅宾馆35家，农家乐100余家，床位1万个，餐位2万个。交通日趋便利，太行山高速公路2018年底即将建成通车，张石高速公路蔚县支线2019年底建成通车，北京门头沟109新线高速公路将于2018年开建，2022年完工。届时，随着交通条件的全面改善，必将全面开启旅游扶贫新篇章。

## （二）贫困问题突出

蔚县是国家扶贫开发重点县、"燕山—太行山"特困片区县、环首都扶贫攻坚示范县。全县贫困状况呈现以下特点。

**1. 贫困人口多**

2014年全县有贫困村229个，建档立卡的贫困人口6.44万户13.63万人，贫困发生率为32.5%。截至2017年底，全县仍有贫困人口25562户42759人，贫困发生率为10.2%。

**2. 分布面广**

贫困村面积总和为1957平方公里，占全县总面积的61.2%。目前未出列的182个贫困村（2017年底出列47个），遍布除蔚州镇以外的21个乡镇，其中深山区有44个、丘陵区有64个、矿区有32个、河川区有42个。

3. 基础设施滞后

182个未出列贫困村中，44个村主要街道未硬化，18个村未实现安全饮水，106个村没有环境卫生设施，86个村没有独立的文化娱乐场所。

4. 未形成有力的产业链条

蔚县是农业大县，优良农产品缺乏精细加工，没有形成品牌，缺乏销售渠道，尤其是缺乏网络营销手段。蔚县历史悠久，文化底蕴深厚，旅游资源丰富，民间艺术多种多样，但是没有整合成好的旅游产品，旅游收入不高。

5. 人力资源匮乏

蔚县发展滞后，造成人力资源外流，有一技之长的人才大部分到外地创业。

## 二 蔚县旅游扶贫的基本思路与发展重点

（一）确定旅游扶贫"114"空间格局，即"一轴一带四区"，串联蔚县贫困村，采取"以点带轴带片"相结合的模式带动贫困地区脱贫致富

1. 一轴：历史人文风情轴

沿壶流河自北向西南串联起北水泉镇、黄梅乡、西合营镇、代王城镇、蔚州镇、暖泉古镇和阳眷镇，同时串联杨庄古堡、东窑子头泥

河湾遗址、西大坪古堡、当代艺术园区等重要旅游资源点。以壶流河为轴，以文化为内核；自北向西南串联的资源点和乡镇分别对应旧石器时期（东窑子头泥河湾遗址）、商周时期（代王城镇）、南北朝时期（蔚州古城）、明清时期（暖泉古镇）、近现代（阳眷镇煤矿遗址）的历史时序脉络，重点展示蔚县丰厚的历史文化积淀。

2. 一带：绿色生态体验带

沿蔚县"小五台山·金河口景区"，向西串联松枝口峪、茶山、东甸子梁、飞狐峪景区、空中草原景、西甸子梁区域，横跨柏树乡、草沟堡乡、宋家庄镇和下宫村乡四个乡镇。按照"抓重点，带全局"的思路，对现有景区"小五台·金河口景区"和"飞狐峪·空中草原景区"进行整改提升；对松枝口、上/下辉川村、茶山、东西甸子梁及玉泉山等山体、沟峪进行重点开发和布局。

3. 四区：蔚州古城古堡民俗体验区、西合营文教田园区、小五台研学养生区、大南山运动休闲度假区

（1）蔚州古城古堡民俗体验区

以蔚州镇为核心，包含向外延展的暖泉古镇、邢家庄、宋家庄、上苏庄、石家庄、北方城、水东堡、水西堡、南留庄等古堡集群。以"蔚州古城"和"暖泉古镇"为发展重点，提升两个古城镇的整体城市风貌；协同周边古堡（镇）共同发展；注重协调古堡的保护和开发，打造"一堡一品"的差异化古堡游览体验；做足民俗文章，将硬质资源"古堡"和软质资源"民俗"紧密结合，打造京西第一个全体验式的"蔚州古堡民俗大区"。

（2）西合营文教田园区

包含西合营镇、南岭庄乡、黄梅乡、陈家洼乡、北水泉镇在内

的区域。西合营镇为该区域的发展重点，通过整合镇域旅游资源，深入挖掘资源特色，完善旅游服务功能；黄梅乡通过进一步拓展和延伸杏产业链条，打造以"杏产业"为特色的田园小镇；吉家庄以明清家具制作为特色产业，打造仿古家具交易、古玩市场为核心的主题小镇；代王城以现代农业为特色，打造田园风光和丰产农业为主的旅游产业特色集群。

（3）小五台研学养生区

小五台山脚下的桃花镇、常宁乡、白乐镇、柏树乡四个乡镇，区域规划面积约为40平方公里。主要规划建设内容有国际健康养生、教育医疗研学、休闲度假旅游和现代农业种植。其中，桃花镇重点打造旅游休闲度假区，规划综合旅游服务中心、区域接待中心；常宁乡重点规划为健康养老养生示范区，在对原生村落保护的基础上进行开发；白乐镇和柏树乡定位为教育研学区；现代农业种植与代王城现代农业产业园相连。

（4）大南山运动休闲度假区

包括草沟堡乡、宋家庄镇、下宫村乡在内的广大南部山区。以大南山为片区发展引擎，围绕"山地运动、户外徒步、休闲度假、观光游憩、生态体验"等主题打造若干具有吸引力的旅游产品，重塑片区吸引力，着力将大南山区域打造成为"京津冀后花园"。

## （二）推动旅游扶贫工作与县域三次产业发展全面融合，为贫困人口提供更多的就业机会，为精准脱贫创造内生动力

1. 旅游扶贫与第一产业融合——乡村旅游扶贫

将美丽乡村建设与蔚县丰富的旅游资源和旅游产品结合，从乡

村旅游的角度开发特色古堡市场、开发自然观光市场、开发生态农业示范园、农产品为主要特色的特色旅游小镇产品。延伸农旅产业链条。积极推进农业与旅游业的融合创新发展，研发生产以农副土特产品为原料的特色旅游商品，如蔚县贡米、杏干、杏扁等旅游商品；开发具有地域特色农业艺术品，提升产品附加值；以优势产品为基础，做强农业节事品牌，如大力推进杏花节等相关活动的开展。依托旅游开发，完善农业基础设施。改善农村饮水、危房改造、农田水利、道路交通、电网升级改造、三网融合等基础设施建设。特别是通过实施生态移民项目和中心村、重点村改扩建工程。

2. 旅游扶贫与第二产业融合——工业旅游扶贫

蔚县可一方面结合剪纸、青砂器、陶艺制作等发达的传统手工业，另一方面结合乡村旅游中农副产品加工业如杏产业、中药产业、杂粮产业等，从工业生活文化的角度挖掘打造集游览、体验、娱乐、科普、营销多种需求于一体的多元化的旅游产品。为农民提供更多的就业机会，不断提高其就业能力，让更多的农牧民尽快参与到蔚县资源开发和旅游扶贫开发建设中来。

3. 旅游扶贫与第三产业融合——文化旅游扶贫

旅游本身是第三产业的重要组成部分，旅游扶贫与第三产业两者结合最直接的产物就是文化旅游。促进经济社会发展，发挥蔚县丰富的文物资源在文化传承中的作用。打造蔚县文物旅游品牌，培育以蔚州署、玉皇阁、释迦寺、南安塔寺、若干古堡等一系列文物保护单位以及开发以蔚县博物馆为支撑的体验旅游、研学旅行和传统村落休闲旅游线路，设计生产较高文化品位的旅游纪念品，增加地方收入，扩大居民就业。

## （三）推动旅游扶贫与城镇化建设相结合，通过旅游扶贫全面提升基础设施建设水平，缩小城乡差距，切实改善贫困人口的生活环境

1. 就地城镇化

蔚县旅游资源不仅集中于城市，更多分散在乡镇、村庄中。在用地、产业、配套上围绕旅游资源区布局，带动旅游各要素的集聚，形成旅游小城、旅游小镇、旅游综合体、旅游度假区、旅游新型农村社区等不同类型的全域旅游城镇化示范区，实现就地城镇化。

2. 城镇生态化

旅游扶贫是环保、宜居、资源节约的扶贫行为，与资源环境和人文生态系统相互依存、相互促进，有助于引领城镇的生态建设。加强生态旅游基础及配套设施建设，提高居民的生态环保意识，推进生态旅游项目建设，推动生态旅游健康发展，构建和谐、可持续的新型城镇。

3. 城乡统筹化

通过旅游扶贫全面提升旅游基础设施，从而进一步填平城市和乡镇之间在基础设施、配套设施方面的鸿沟，同时促进城乡之间的人口流动，实现城乡统筹化发展。

4. 农民职业化

通过旅游扶贫开发，在就地城镇化的同时也解决了农民就业问题，提高了农民的经济收入，提升了农民的就业技能。

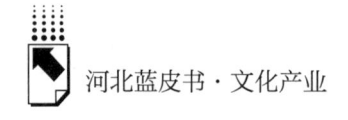

## 三 蔚县旅游扶贫的保障措施

### （一）加大政策扶持力度

1. 加强旅游行业管理，实行依法治旅

旅游部门要积极行使管理职能，落实张家口政府各项旅游政策，优化旅游发展环境，规范旅游市场，加强对旅行社、旅游宾馆、旅游定点单位、旅游交通、旅游景区（点）的动态管理，为旅游业发展营造良好环境，为行业管理提供法律依据。

2. 落实旅游优惠政策，推动旅游产业发展

开通"文绿兴蔚"相关项目绿色通道，提供财政、税收、土地等方面的旅游业优惠政策，鼓励社会力量积极参与。具体包括所得税优惠政策、土地使用优惠政策、就业安置优惠政策、贷款优惠政策和招商引资奖励政策。

3. 标准化规范制度

加强行业标准化的建设与监管，从吃、住、行、游、购、娱等方面进行规范化管理，建立标准统一的优质旅游环境。

### （二）创新旅游营销方式

未来蔚县应加大宣传营销和市场开发力度。在旅游资金不足的现实条件下，蔚县旅游营销应注重由传统营销向新媒体营销的转型，突出自身特色，捆绑"媒体营销＋微时代营销＋公益营销＋事件营销＋节事营销"的方式，迅速树立"蔚见乡愁"蔚县旅游

品牌地位。近期以产品营销为重点，针对周边地区重点市场集中营销，快速提高知名度；中远期加大目的地整体形象营销，传播城市形象，提升美誉度。在市场方面重点突破周边地区大中城市，注重采取网络营销、事件营销等投入较少的营销方式，灵活采用媒体营销、广告营销等手段，构建分销体系，不断提升蔚县旅游的知名度。

1. 品牌打造战略

打造"古堡人家、京西画廊"的整体目的地品牌，率先推进全县旅游目的地及重点产品的整体营销，建立区别于周边县市的独特品牌认知。

2. 渠道优先战略

理顺各级营销渠道的关系，构建网上营销系统、专业营销公司、政府营销部门等营销、促销体系。

3. 重点带动战略

合理分配资源，针对不同市场，进行有重点、有步骤、有次序的推介活动。

### （三）加大旅游扶贫资金支持

1. 多元化融资渠道

增加政府投资力度，建立专项旅游资金，开拓多元化的融资渠道。健全对旅游产业发展的财政扶持机制，打造旅游投融资平台。完善各项引导、配套和扶持政策，积极筹建旅游投资有限责任公司，集中力量组建具有较强竞争力的大型旅游企业集团，打造旅游扶贫投融资平台。"货币—资源—知识产权"三位一体的旅游资本的整合：以投资方控股，资源地以资源入股，旅游项目研发机构以项目策划或规划设计等知识产权入股。形成开发合力和共同利益，实现政府、企业、个人利益同享，社会、经济、环境效益共存，以此推进旅游项目的高层次开发。"政府财政＋社会资本"合作投入（PPP）的模式，利用社会资本按照市场模式参与建设。

2. 建立旅游扶贫发展专项基金

加大政府投入，建立旅游发展专项基金。增加旅游资金投入，突出基础建设和政府投资示范效应。政府财政投入的重点在于引导性投入，如基础设施和保护项目的先行投入。积极争取国家建设资金的支持，旅游扶贫专项资金采取资本金投入、贷款贴息等方式拉动投资。

3. 引入一批品牌旅游服务企业

提升旅游资源市场化机制，引入具有雄厚实力和经验的旅游专业企业，对旅游景区进行开发。鼓励具有国际知名度的服务品牌企业进驻。

### （四）加强人力资源培养

1. 实施旅游人才引进计划

引进旅游专业人才，重点引进人才包括产业经济人才、旅游企业管理人才、旅游企业经营人才、旅游市场营销人才、旅游活动策划人才等。本地队伍专业人员数量扩大、素质提高，吸引更多本地年轻人回蔚县发展家乡旅游业。在蔚县职业高中开设导游专业、旅游专业，培养专业化人才。

2. 加强旅游培训制度建设

加强旅游在职工作人员的专业技能和职业道德培训，提高其综合素质和服务水平；同时应与旅游职业学校开展合作，加强专业旅游人才的培养力度，建设本土化的旅游人才队伍。定期组织酒店、景区等服务人员进行培训，提高蔚县旅游服务水平，增强软实力。

3. 合理配置人力资源

建立健全有利于科学发展的体制机制，切实调动各方面的工作积极性，为旅游业发展提供强大的智力支持和人才保障。

**参考文献**

吴璇欧、高晓峰：《浅谈乡村文化旅游扶贫开发模式构建——以张家口蔚县为例》，《旅游纵览》（下半月）2014年第3期。

赵丽丽：《我国西南地区旅游扶贫研究与实例应用分析——四川省红原县瓦切乡旅游扶贫构想与方案设计》，硕士学位论文，西南石油大学，2003。

# B.18
# 全域旅游背景下正定文化旅游产业集群崛起的创意思路

宋东升*

**摘　要：** 本文从全域旅游的大背景出发，总结概括了全域旅游的内涵、特征、目标、路径等基础性问题，分析了正定文化旅游资源和全域旅游推进现状，提出了在发展全域旅游中推动正定文化旅游产业集群崛起的总体思路与基本路径：依托全域旅游全域化、全业化、全民化、品质化的实施路径，围绕旅游产业供给侧结构性改革主线，创意开发文化旅游新产品、新业态，推动正定文化旅游产业集群的崛起；横向上挖掘整合古城文化旅游资源，纵向上通过创意开发延伸产业链条，包括一般性业态的全域开发、创意性业态的深入开发和外围层业态的全业开发；实施文化旅游产业品牌的整体营销；进一步提升文化旅游产业的发展品质。

**关键词：** 全域旅游　文化旅游资源　正定文化旅游产业

---

\* 宋东升，硕士研究生，河北省社会科学院经济所副研究员，主要研究方向为产业经济、开放型经济，曾主持或参与十多项产业集群、文化产业发展方面的课题，是"河北省文化产业形势分析与预测"创意策划篇的主要撰写人之一。

全域旅游背景下正定文化旅游产业集群崛起的创意思路

我国旅游业发展已进入全域旅游的新时代。2017年,河北省被列入全国七个全域旅游示范省(区)创建单位,并在全国率先出台了《关于加快创建全国全域旅游示范省的意见》。在全域旅游示范省创建中,河北省十分重视文化与旅游业的融合,提出要从激活文化资源入手,深入挖掘文化底蕴,不断提高旅游业的文化内涵,将文化元素贯穿于全域旅游全环节、全过程中,建设一批文化旅游精品景区,打造正定古城、广府古城等历史文化旅游品牌,明确了正定文化旅游业在河北省文化旅游业发展中的重要地位,首届石家庄旅发大会更是以"打造中国文化旅游新样板"为主题确定了正定文化旅游业的发展定位。因此,对正定文化旅游业的个案研究不仅旨在为河北省这一文化旅游重要板块的发展提供创意思路,更旨在为全域旅游背景下河北省文化旅游业的整体发展提供重要的启示与借鉴。

## 一 全域旅游的若干基本问题

### (一)全域旅游的内涵与特征

全域旅游是指通过对特定区域内旅游资源、产业资源、环境生态、基础设施、公共服务、管理体制、人文环境等进行全方位的优化与提升,实现区域内资源整合、产业融合、品质增进和共建共享,并通过旅游产业带动当地经济社会整体发展的一种新的区域发展模式。

全域旅游的基本特征可归纳为两个方面。一是数量上的全面。

首先是空间上的全景化，即充分利用当地全部的旅游吸引物要素，在空间上形成全面覆盖、相互连接、布局有序、亮点纷呈、丰富多彩的旅游产品供给，构建多板块、多廊道、整体联动的全景网状"旅游场"，形成"无处不旅游、处处皆景观"的全景旅游区，即城区、社区、道路等最习以为常的空间也能转化为各具特色的旅游景物。其次是产业上的全业化，即不局限于传统形态的旅游资源开发，而是通过"旅游+"实现旅游与多种产业的融合，挖掘各行各业的旅游吸引力要素开发非传统形态的旅游产品，形成各种类型的旅游产品整合发展、互动发展的产业群落。最后是主体上的全民化，即旅游业发展主体不再局限于旅游部门和旅游企业，而是政府总体部署、各部门齐抓共管、全社会动员、全民参与，旅游业的地位上升为牵动当地经济社会整体发展的全局性工作。二是质量上的提升。首先是硬件旅游服务设施的质量提升与便利化，即直观的交通、住宿、餐饮等设施的档次提升和便利设置。其次是旅游产品的质量提升与多样化，即契合旅游消费需求的旅游产品转型升级，包括旅游产品的高质量发展与创意发展。最后是旅游体验的提升，即通过优化旅游服务全面提升对游客需求的满足度。

## （二）全域旅游的目标与路径

全域旅游不仅是一种新的区域发展模式，更是一种区域旅游发展的价值追求，包括整体的旅游开发价值、旅游质量价值、旅游治理价值和旅游效益价值。总体而言，全域旅游要实现四大发展目标：一是旅游发展的全域化，即形成全域旅游的统筹规划、科学布局、融合发展与整体营销，构建旅游主题统领的自然环境、产业环境、社会环境、人文环境和消费环境；二是旅游供给的品质化，即设施、产品、服务、文化、科技、生态、人文的全方位提升，旅游产品方面体现为更多的创意产品、体验产品、差异化产品和亮点产品，旅游服务方面体现为便利化、精细化和安全性，通过转型升级和供给侧改革实现旅游有效供给和旅游品质提升；三是旅游治理的规范化，即通过区域顶层设计和统一领导建立部门联动、全民参与的区域旅游发展机制，形成法治化、标准化的旅游治理机制。四是旅游效益的最大化，即实现旅游业和区域发展的全面融合，发挥旅游业对产业转型升级的带动作用，最大限度地提升旅游业对区域经济社会发展的综合贡献水平。

全域旅游是我国旅游发展模式的升级，是从景点旅游模式转向全域旅游模式，具体路径包括：从景区景点门票经济转向旅游产业经济，即更加注重门票收入之外的旅游综合收入；从粗放低效转向精细高效，即提升旅游供给的品质和便利化水平；从封闭的自循环转向开放的"旅游+"，即全面推动旅游与农业、林业、工业、商贸、体育、教育、交通等一般产业的融合力度；从企业单打独享转向全社会共建共享，即全面调动各方力量，以旅游为主题整合各种发展资源，形成旅游业发展全民参与的格局；从景区景点管理转向全域治理，即从景区景点范围内部管理向全域范围全面治理转变；从部门行为转向政府行为，即政府统筹协调，旅游、工商、交通、公安等相关部门各负其责、合力推进；从景区景点建设转向综合目的地打造，即实现景区景点内外管理体制的一体化和旅游监管的全覆盖，同时旅游基础设施和公共服务建设也拓展到全域范围和城乡

一体。

在全域旅游的实施路径中，排在首位的就是推进旅游与其他产业的融合发展、创新旅游产品供给。旅游业本质上是无边界产业，在产业融合上具有天然的开放性、拓展性与多样性，几乎所有产业都有一定的旅游属性，都能通过"旅游+"的融合、催化及集成作用创意开发旅游业态、形成旅游价值，从而提升产业发展水平、增加产业发展的综合效益。同时，"旅游+"在此过程中也拓展了旅游业自身的发展空间，增加了旅游产业的整体价值，且经济社会发展水平越高，通过"旅游+"形成的旅游产品供给就越丰富多彩。

**（三）全域旅游的背景与推动**

随着我国居民消费需求的升级和大众旅游时代的到来，旅游业不仅正迎来大发展的时期，且开始进入转型升级的阶段。目前，旅游业发展的主要制约因素不再是旅游消费需求不足，而是旅游业供给侧结构不能适应需求侧市场需求，即低端的、传统的旅游供给难以满足新时期中高端的、升级型的旅游消费需求。旅游供给的升级不仅体现在旅游品质的提升，也体现在散客化时代旅游空间的拓展、旅游时间的延长和旅游体验方式的多元化，即传统的景点景区观光旅游升级为全景式、全时性、体验式、高品质的全域旅游。在旅游需求侧升级的推动下，全域旅游作为新时期旅游供给侧改革的主线开始成为旅游业发展的大势所趋。

2016年，国家旅游局在全国旅游工作会议上就发展全域旅游进行了动员部署，确定了500多个全域旅游示范区创建单位，包括

7个省级示范区、近百个市级示范区和400个县级示范区，并于2016年和2017年分别在浙江湖州、宁夏中卫和陕西西安专门召开了3次全域旅游推进大会，发布了《全域旅游示范区创建工作导则》。2018年3月，国务院办公厅又印发了《关于促进全域旅游发展的指导意见》，就通过全域旅游推动旅游业转型升级、提质增效做出了全面部署。

## 二 正定全域旅游的发展现状

### （一）正定的文化旅游资源

正定是有千年历史的国家历史文化名城，曾与北京、保定并称为"北方三雄镇"。悠久的历史为正定留下了底蕴深厚、种类众多的历史文化资源，包括古建筑文化、佛教文化、历史名人文化、民俗文化、饮食文化等。

在古建筑文化和佛教文化方面，正定素有"八朝古建、千年古韵""九楼四塔八大寺、二十四座金牌楼"之美誉，文物古迹众多，古城古韵浓厚，被誉为"中国古建筑博物馆"，仅"京外第一名刹"隆兴寺就有六项位列"全国之最"绝世珍品，包括被建筑大师梁思成先生誉为"世界古建孤例"的摩尼殿、被鲁迅先生誉为"东方美神"的五彩悬塑倒坐观音、铜铸千手千眼观音菩萨等。作为城市南北轴线的燕赵南大街更是集中了作为古城主要象征的阳和楼、临济寺澄灵塔、广惠寺华塔、开元寺须弥楼、钟楼、梁氏宗祠、蕉林书屋等星罗棋布的文物古迹，被誉为"中国建筑艺术经典"。在历史名人文化方面，正定历来是"藏龙卧虎之地"，载入名录的历史名人就有148位，其中7人位列"影响中国历史进程的河北名人"，如三国赵子龙、秦朝赵佗、北宋高怀德、"元曲四大家"之一的白朴等。在民俗文化、饮食文化方面，正定的"常山战鼓"、元曲文化等全国闻名，其中多项文化遗产入选国家级非物质文化遗产。

此外，正定还有在新时期人为打造的文化旅游资源——荣国府。1983年，经过正定当地政府的积极争取，《红楼梦》电视剧组将临时外景基地定在了正定，并于1986年建成永久性建筑"荣国府"。1987年，电视剧《红楼梦》播出后引起了轰动效应，正定的知名度骤然提升，当年就有130多万人次的游客到荣国府参观游览，创造了221万元的门票收入和1761万元的旅游总收入，带动了正定当地旅游业的发展，并开创了全国旅游业的先河。1992年，在正定县召开的全国旅游工作会议上，正定县依托荣国府发展旅游业的经验被国家旅游局誉为"国内旅游正定模式"。随着电视剧《红楼梦》的成功播出，荣国府也成为国内著名的影视拍摄基地，迄今共接纳了170多部影视剧的拍摄，接待了1200多万人次游客，收获了8500多万元的门票收入。正定荣国府是根据古典名著《红楼梦》描绘的场景建造的明清风格的仿古建筑群，除荣国府核心景点外，还连接宁荣街、曹雪芹纪念馆等多处文化景观，共同形成了独特的红楼文化旅游资源。

厚重、丰富、独特的历史文化资源不仅为正定文化旅游产业发展提供了得天独厚的资源优势，也构成了正定文化旅游产业发展的核心竞争力。

## （二）正定对全域旅游的推动

正定文化旅游业的发展起步较早，早期因《红楼梦》的热播甚至一度对当时全国旅游业的发展起到过引领作用。但在其后的时期内，由于正定旅游业发展模式在时代发展和旅游需求升级的大背景下缺乏相应的开拓创新，因而并没有保持和延续早期强劲的发展势头。近两年来，在全域旅游发展的宏观背景下，正定借首届石家庄市旅游产业发展大会筹办之机集中投入、强力推进，在总体规划、挖掘保护、面貌复原、硬件建设、综合管理、优化服务等方面实现了全面提升。

1. 总体规划

近年来，为实现全域旅游和古城保护的统一，正定高标准编制了《正定县全域旅游总体规划》《正定历史文化名城保护规划》《古城建筑风貌控制导则》等多项规划和法规，对正定文物古迹、古城风貌实行了全面统筹规划，共确定了四大保护区，包括38个核心文物景点构成的重点保护区、一般保护区、环境协调区和古城风貌协调区，以形成旅游空间布局与景观、生态、历史文化保护等的协调统一。为迎接2017年首届石家庄市旅发大会，正定又进一步制定了《正定新区总体规划及古城风貌恢复提升规划与实施》《正定全域旅游规划暨正定古城AAAAA级景区规划》等，为景区提升、环境整治等全域旅游建设进行了总体规划。

2. 复原提升

对文物古迹的复原与提升。正定先后对隆兴寺大悲阁、文庙、天宁寺凌霄塔、广惠寺华塔等重点文物进行了全面修缮与恢复，使

其重现原有的历史文化风貌，同时在原址上复建了作为"九楼之首""元曲摇篮"的阳和楼。在此基础上，还对隆兴寺、荣国府、广惠寺等重点景点进行了综合提升。

恢复古韵古色的古城风貌。划定古城历史城区的范围，明确城垣外观、空间格局、重点文物、历史街巷、古城建筑、古树名木等重点内容，进行疏解非古城功能、拆除与古城风貌明显不符的违建与临建、街巷改造中植入古城文化元素等整体性改造，初步恢复了古城原有的历史文化风貌。

对外观环境的美化与亮化。通往重要景点的交通要道两侧都进行了外立面包装改造，强化了古城风貌的统一性与美观性，连接市区的迎宾景观大道也进行了精美修饰，城墙、城楼、古塔等重要单体建筑也进行了亮化。

3. 设施改进

改造旅游基础设施。改造提升了城区主干道和500多条小街巷，构建了内通外联、便利快捷的道路交通网络。

改进旅游服务设施。在景区提供免费停车场、免费游览车、免费直饮水等；拆除机关单位围墙，对游客开放停车位、卫生间、开水间；改造提升旅游宾馆、旅游餐厅、旅游民宿、旅游厕所等。

提升游客旅游体验。实现城区 Wi-Fi 全覆盖，构建智慧旅游网络；利用最先进的 AR/VR 技术实现对重点景点的虚拟空间游、风景原貌还原与恢复，用高科技手段让游客如临其境地体验古今穿越之旅。

4. 激活产业

通过景区景点免费开放激活整个旅游产业曾是我国一些区域旅

游业发展的成功经验。在近年来对全域旅游的推进中,正定也实施了对一些重点景点的免费开放。这些重点景点的免费开放产生了立竿见影的效果,不仅游客人数骤然增加,游客逗留时间也大大延长,由此带来了住宿、餐饮、购物、娱乐、交通等旅游综合消费大幅增长,增加了旅游产业综合效益,激活了古城旅游产业,推动了景区旅游向全域旅游、门票经济向旅游产业经济的转变。

5. 创新产品

在首届石家庄市旅发大会上,正定推出了一场全景展现古城源远流长、底蕴深厚、丰富多样的历史文化资源的大型实景演出——《正定记忆》。《正定记忆》以正定古城九朝不断代的千年史为背景,通过对历史事件、历史人物等的精心编排,艺术地再现了正定深厚独特的文化内涵及精神内涵,是一场高水准的精彩的视觉盛宴和"旅游大餐",也是正定在文化旅游产品开发方面的创新性尝试。

# 三 在发展全域旅游中推动正定文化旅游产业集群的崛起

## (一)发展全域旅游是旅游产业集群崛起的强大助力

产业集群是指特定产业领域内的企业在一定空间内基于共性和互补性的集聚,既包括横向上企业之间的资源共享与合作,又包括纵向上上下游企业之间形成的产业链条。旅游产业集群是旅游产业发展到一定阶段形成的产业空间集聚形态,是旅游产业规模化、集约化发展的重要标志。作为旅游产业发展的升级形态，旅游产业集群的景区景点之间、业态之间不仅有较强的相互关联性与依存度，构建了一个有机联系的区域旅游综合体，而且以市场竞争力较强的核心景区景点为依托形成了相对完整的旅游产业链条。

全域旅游的全景化与全业化特征有助于形成旅游产业规模，为旅游产业集群的崛起奠定产业规模基础，并在此基础上进一步形成不同景点、景观间的关联互补与整合发展。全域旅游的全民化特征能全面聚集政府、企业和社会力量，最大限度地为旅游产业发展提供人力、财力与组织保障，从而促进旅游产业的规模化发展、整合型发展与旅游产业链的形成。全域旅游的品质化特征则有助于旅游产品的质量提升与创意化发展。总之，发展全域旅游能为旅游产业集群崛起提供强有力的支撑条件与实现路径。

## （二）在发展全域旅游中推动正定文化旅游产业集群的崛起

### 1. 总体思路

依托全域旅游全域化、全业化、全民化、品质化的实施路径，围绕旅游产业供给侧结构性改革主线，将正定古城作为一个完整的区域文化旅游综合体，以产业化视角挖掘整合古城历史文化资源，形成以核心景点为支撑的相互连接的片状化空间布局，丰富古城文化旅游内涵，创意开发文化旅游新产品、新业态，全域延伸文化旅游产业链条，提升文化旅游产业发展的品质，实施古城文化旅游品牌整体营销，以此推动正定文化旅游产业集群的崛起。

### 2. 横向上文化旅游资源的挖掘整合

深入挖掘古城历史文化底蕴，按历史文化文脉横向整合相似、相近的文化资源，依托核心景点将周边分散的历史文化景点串联成片，通过历史文化资源的片区化统筹构建主题鲜明的、片状化的空间布局，如古建筑文化片区、佛教文化片区、红楼文化片区、元曲文化片区、民俗文化片区等，并通过相互连接形成一个有机联系的区域旅游综合体。为此，要进一步加强对历史文化景点的规划建设、串联组合与包装提升，形成历史风貌再现、环境格调统一的片区文化旅游主题氛围，通过片区建设形成核心景点对分散景点的激活与整合，从而实现和增进各类历史文化景点的旅游价值。

历史文化旅游主题片区的打造既包括修复、提升核心景点，更包括对片区内建筑按统一的历史文化风格进行重建及文物景观的串联整合，再现历史上古城街区的韵味与格调，以建筑风格与氛围展现古城的历史文化底蕴，并辅之以旅游特色商品、地方美食、休闲娱乐、节庆民俗等相关业态，形成古寺、古塔、古街、古建筑、古商铺、古民居等自然浑成的古城历史文化旅游主题街区。不仅要整合打造历史文化旅游主题片区，不同的历史文化旅游主题片区之间也要形成链接互动，整合形成一个各片区有机联系、主题内容互补的古城历史文化旅游综合体。

从动态视角来看，发掘和保护古城历史文化资源是一个不变的主题，也会不断拓展文化旅游资源横向挖掘整合的资源空间。在历史文化资源发掘方面，2017年的正定开元寺考古发掘发现了从唐宋、金元直至明清的文化层叠压，并出土了跨越这几个朝代的近2000件文物，发现了94处遗迹。这一重大发现丰富了正定的历史文化内涵，也为古城历史文化旅游业的发展提供了附加文化资源。在历史文化资源保护方面，正定的一些古城文化旅游资源还需进一步修复与提升，并做好旅游保护与旅游开发的平衡。此外，"常山战鼓"等非物质文化遗产传承就面临场地、团队、规模、技术传承等发展困境，亟须规范与保护。

3. 纵向上产业链延伸的创意开发

门票经济、产品单一、链条不长曾是旅游业传统发展模式的价值困局。旅游业是综合性产业，门票收入只是旅游综合收入的一部分。门票经济在旅游业中占比越小，旅游综合收入越高，旅游业发展就越是步入了一个更高的阶段。全域旅游就是旅游业由门票经济向产业经济转变的关键路径。全域旅游的全景化与全业化开发特征会促进以核心景点为支撑的多业态发展和新业态生成，全域推动文化旅游产业链的形成和不断延伸。正定文化旅游产业的产业链延伸就是以古城城区核心景点为依托的全域开发。全域开发既包括在住宿、饮食、出行、购物、休闲娱乐等领域自然衍生的一般性业态，也包括旅游演艺、文博艺术等古城文化体验以及特色小镇等创意性业态，还包括美丽乡村游、产业旅游等外围层业态。

（1）一般性业态的全域开发

继续推动景点免费开放，扩大景点免费开放的范围，促进全域旅游的深入发展，形成餐饮、住宿、购物、休闲娱乐等一般性业态的全域开发，满足游客多样化的消费需求，延长游客在古城的停留时间，扩大游客的综合消费，提高文化旅游产业的综合产出水平与经济效益。为此，首先，要做好餐饮、住宿、休闲娱乐等旅游配套设施的全域规划与布局，建设与古城历史文化特色相统一的特色酒店、特色客栈、特色餐饮与民俗娱乐等，并在历史文化建筑、街区等地合理配置特色茶社、特色小吃、民俗娱乐等服务业态，为游客提供全域化的旅游综合服务。其次，要加强古城文化旅游纪念品的特色化、系列化、标准化开发，精心设计推出文物古迹、历史事件、历史名人等为主题的古城文化旅游纪念品系列，形成具有古城历史文化内涵和特色的文化旅游特色商品开发体系。最后，要在正定现有的特色美食基础上全面挖掘整理当地美食文化，做好特色菜肴与食品的产业化开发。

（2）创意性业态的深入开发

创意性业态是文化旅游产业链深度延伸的开发形态，是对历史文化资源的深层次开发利用。文化旅游产业的创意发展没有止境，创意性业态开发是一个不断拓展与深入的过程，全域旅游的品质化特征也对旅游业态创意开发提供了动力与能力。创意性业态开发是依托景点景区文化内涵的延伸性、升级性业态开发，是文化旅游内涵展现形式的升级，如旅游演艺、文博艺术等文化体验性产品。

正定文化旅游产业创意性业态的深入开发又可分为以下两种形态。

一是历史文化资源的专题体验：文化体验区。重点打造建筑文化、佛教文化、红楼文化、民俗文化四种类型的文化专题体验区。建筑文化体验区可依托古城古建筑文化拓展建设中国古建博物馆，集中展示我国丰富多彩的古建筑文化，并带动古建筑会展论坛、相关旅游产品与服务开发等活动，形成以古建筑文化展示、体验为核心，附带商务、居住等衍生功能的体验区。佛教文化体验区可依托开元寺等佛教文化尤其是禅宗文化资源，开发佛教内涵的禅意休闲（禅茶等）、养生保健等体验性服务，形成以禅宗文化展示、体验为核心，附带相关衍生功能的体验区。红楼文化体验区可依托荣国府的红楼文化内涵，举办纪念会、影迷会、论坛、音乐会、节庆等各种红楼文化体验活动，开发《红楼梦》场景角色扮演、红楼文化旅游特色商品、红楼文化餐饮等影视文化系列产品与服务。民俗文化体验区可以以正定民俗文化为核心，打造河北民俗等非物质文化的集中展示与体验区域，形成涵盖民俗习惯、民间艺术、民间小吃等的河北民俗文化大世界。

二是历史文化资源的整合体验：旅游演艺。旅游演艺是对当地历史文化、民间文化、民族风情等的集成性艺术再现，也是颇受欢迎的文化旅游创意性开发业态。近年来，我国各地的文化旅游演出市场发展迅猛，涌现了宋城演艺"千古情"系列、华夏文旅传奇系列等具有文化地标性的品牌性旅游演艺项目，旅游演艺已成为各地文化旅游业态创意发展的标准配置和重要依托。2017年首届石家庄市旅发大会期间推出的《正定记忆》是石家庄历史上首次大手笔打造的大型实景演出，集中再现了正定历史文化中最为精彩的篇章，其震撼亮相一时引起了轰动。《正定记忆》大型实景演出在正定文化旅游产业发展中具有里程碑式的作用，要高度重视《正定记忆》对文化旅游产业发展升级、集群崛起、品牌打造和整体营销的支撑与带动效应，推动《正定记忆》旅游演出的常态化和不断优化，将其打造成正定文化旅游的文化名片和地标性项目。同时，还要顺应国内旅游景区乐园化、演艺化的大趋势，在《正定记忆》之外全域开发符合不同景点文化氛围的形式多样、规模不一的旅游演艺节目，形成核心支撑、多点出彩的演艺格局。

（3）外围层业态的全业开发

全域旅游的全业性特征为延伸开发核心旅游之外的外围层业态

提供了多样化的实现路径，如乡村旅游、工业旅游、教育旅游、体育旅游等。正定古城文化旅游虽可开发多种外围层业态，但就其资源禀赋和结构特征而言，外围层业态开发应以乡村旅游为重点。近年来，我国乡村旅游呈现良好的发展态势。2017年，我国休闲农业与乡村旅游游客达25亿人次，占同期国内游客总数的50%，旅游消费规模超过了1.4万亿元，同比增长27.3%，已占国内旅游总收入的30%以上，跃居国内旅游消费的主市场和旅游发展的新热点。正定乡村旅游要着力开发田园休闲、生态、娱乐体验等多样化的复合功能，发展农庄、体验农场、田园艺术景观、农家民宿、特色小镇等休闲旅游业态。

4. 文化旅游产业品牌的整体营销

全域旅游背景要求区域文化旅游品牌的整合打造，也为区域文化旅游品牌的整合打造提供了全方位的支撑条件。首先，要将正定古城作为一个统一的区域文化旅游综合体进行整体营销，塑造正定文化旅游产业品牌的整体形象。其次，要以全域旅游思维统领文化旅游营销，制定全域文化旅游产业品牌整体营销方案，塑造特色鲜明的古城文化旅游目的地形象，并在品牌整体营销之下建立针对不同文化资源板块的多层次、产业链式的分品牌体系，形成古建筑文化、红楼影视文化等分品牌对整体品牌的强力支撑，并通过有针对性的强化红楼影视文化等分品牌传播促进文化旅游产业整体品牌的营销。再次，要整合旅游、宣传、文化等部门和旅游企业的各类营销资源和渠道，构建政府、企业、公众等多方共同参与、整合联动的全域整体营销机制。最后，要灵活运用媒体营销、契机营销（旅发大会、高层论坛、影视拍摄等）、节庆营销等多样化的营销

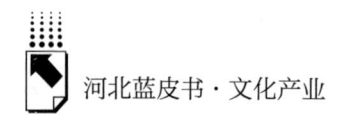

方式。

5. 文化旅游产业发展的品质提升

文化旅游产业发展的品质提升是指旅游供给质量的提升，即文化旅游产业发展所有相关要素与产品的全面品质提升。正定文化旅游产业要在现有基础上进一步建设提升旅游景点景区，高标准优化旅游设施与旅游服务，通过品质提升和创意化发展提高旅游产品的层次与水平。

**参考文献**

周春波：《文化产业与旅游产业融合动力：理论与实证》，《企业经济》2018年第8期。

张洽棠：《正定样本：全域旅游下的垂直领域突破》，《公关世界》2017年第23期。

王峻峰：《做好正定古城保护 打造县级旅游发展新样板》，《对接京津——雄安新区与京津冀协同发展论文集》，2017。

张剑玺：《古建筑特点及旅游价值开发研究——以正定县文庙大成殿为例》，《中国商论》2016年第24期。

丛秀芝、游娟、范学鹏：《以正定古城为例谈慢城休闲旅游城镇建设》，《山西建筑》2012年第22期。

张春瑜：《历史文化名城正定旅游发展研究》，硕士学位论文，河北师范大学，2010。

**权威报告·一手数据·特色资源**

# 皮书数据库
## ANNUAL REPORT(YEARBOOK) DATABASE

### 当代中国经济与社会发展高端智库平台

**所获荣誉**

- 2016年，入选"'十三五'国家重点电子出版物出版规划骨干工程"
- 2015年，荣获"搜索中国正能量 点赞2015""创新中国科技创新奖"
- 2013年，荣获"中国出版政府奖·网络出版物奖"提名奖
- 连续多年荣获中国数字出版博览会"数字出版·优秀品牌"奖

**成为会员**

通过网址www.pishu.com.cn访问皮书数据库网站或下载皮书数据库APP，进行手机号码验证或邮箱验证即可成为皮书数据库会员。

**会员福利**

- 已注册用户购书后可免费获赠100元皮书数据库充值卡。刮开充值卡涂层获取充值密码，登录并进入"会员中心"—"在线充值"—"充值卡充值"，充值成功即可购买和查看数据库内容。
- 会员福利最终解释权归社会科学文献出版社所有。

数据库服务热线：400-008-6695
数据库服务QQ：2475522410
数据库服务邮箱：database@ssap.cn
图书销售热线：010-59367070/7028
图书服务QQ：1265056568
图书服务邮箱：duzhe@ssap.cn

卡号：921511534481
密码：

# S 基本子库
# SUB DATABASE

## 中国社会发展数据库（下设12个子库）

全面整合国内外中国社会发展研究成果，汇聚独家统计数据、深度分析报告，涉及社会、人口、政治、教育、法律等12个领域，为了解中国社会发展动态、跟踪社会核心热点、分析社会发展趋势提供一站式资源搜索和数据分析与挖掘服务。

## 中国经济发展数据库（下设12个子库）

基于"皮书系列"中涉及中国经济发展的研究资料构建，内容涵盖宏观经济、农业经济、工业经济、产业经济等12个重点经济领域，为实时掌控经济运行态势、把握经济发展规律、洞察经济形势、进行经济决策提供参考和依据。

## 中国行业发展数据库（下设17个子库）

以中国国民经济行业分类为依据，覆盖金融业、旅游、医疗卫生、交通运输、能源矿产等100多个行业，跟踪分析国民经济相关行业市场运行状况和政策导向，汇集行业发展前沿资讯，为投资、从业及各种经济决策提供理论基础和实践指导。

## 中国区域发展数据库（下设6个子库）

对中国特定区域内的经济、社会、文化等领域现状与发展情况进行深度分析和预测，研究层级至县及县以下行政区，涉及地区、区域经济体、城市、农村等不同维度。为地方经济社会宏观态势研究、发展经验研究、案例分析提供数据服务。

## 中国文化传媒数据库（下设18个子库）

汇聚文化传媒领域专家观点、热点资讯，梳理国内外中国文化发展相关学术研究成果、一手统计数据，涵盖文化产业、新闻传播、电影娱乐、文学艺术、群众文化等18个重点研究领域。为文化传媒研究提供相关数据、研究报告和综合分析服务。

## 世界经济与国际关系数据库（下设6个子库）

立足"皮书系列"世界经济、国际关系相关学术资源，整合世界经济、国际政治、世界文化与科技、全球性问题、国际组织与国际法、区域研究6大领域研究成果，为世界经济与国际关系研究提供全方位数据分析，为决策和形势研判提供参考。

# 法律声明

"皮书系列"（含蓝皮书、绿皮书、黄皮书）之品牌由社会科学文献出版社最早使用并持续至今，现已被中国图书市场所熟知。"皮书系列"的相关商标已在中华人民共和国国家工商行政管理总局商标局注册，如LOGO（ ）、皮书、Pishu、经济蓝皮书、社会蓝皮书等。"皮书系列"图书的注册商标专用权及封面设计、版式设计的著作权均为社会科学文献出版社所有。未经社会科学文献出版社书面授权许可，任何使用与"皮书系列"图书注册商标、封面设计、版式设计相同或者近似的文字、图形或其组合的行为均系侵权行为。

经作者授权，本书的专有出版权及信息网络传播权等为社会科学文献出版社享有。未经社会科学文献出版社书面授权许可，任何就本书内容的复制、发行或以数字形式进行网络传播的行为均系侵权行为。

社会科学文献出版社将通过法律途径追究上述侵权行为的法律责任，维护自身合法权益。

欢迎社会各界人士对侵犯社会科学文献出版社上述权利的侵权行为进行举报。电话：010-59367121，电子邮箱：fawubu@ssap.cn。

社会科学文献出版社